SINA BUTENUTH

Natürlich gut:

BROT BACKEN

Rezepte und Tipps für Einsteiger

BRUNNEN
Verlag GmbH · Giessen

Über die Autorin:

Sina Butenuth lebt in München und ist als Hotelbetriebswirtin, begeisterte Hobbyköchin und ehemalige Senior Programm Managerin eines Veranstalters für Freiwilligenarbeit und weltweite Praktika viel auf Lebensmittelmärkten in Südostasien und Australien unterwegs. Nebenberuflich engagiert sie sich als Coach und Workshop-Leiterin bei der Initiative Natural Life-Art.

MIX
Papier aus verantwortungsvollen Quellen
FSC® C014138

© 2021 Brunnen Verlag GmbH
Lektorat: Peter Butenuth
Gestaltung: Daniela Sprenger
Umschlagfoto: Adobe Stock
Druckerei: FINIDR, Tschechien
ISBN Buch: 978-3-7655-3277-1
ISBN E-Book: 978-3-7655-7604-1
www.brunnen-verlag.de

EINLEITUNG

Selbst gebackenes Brot ist ...
... aus Teig geformte Liebe — mit Hand gemacht
und mit Herz gebacken!

„Ist es denn wirklich so schwer, richtig gutes Brot selbst zu backen?"

Wenn ich mit meinen Eltern früher zu Besuch bei meiner Oma in ihrem nordhessischen Heimatdorf war, schickte diese mich jeden Morgen in die kleine Backstube hinter der Kirche, um dort frische Brötchen oder ein noch warmes Krustenbrot zu holen. Meine Oma Martha sagte immer: „Ein gutes Brot isst man einfach nur mit Butter, mehr braucht's nicht ...". Stimmt, mir hat später nie wieder ein Brot so gut geschmeckt wie damals in den Ferien.

Brot und Brötchen haben in Deutschland Kultstatus, kaum ein Land der Welt bietet eine derartige Vielfalt. Aber immer mehr Menschen stellen für sich fest, dass Brot und Brötchen aus dem Supermarkt oder den Bäckerei-Filialisten einfach nicht mehr schmecken, dass ihnen irgendetwas fehlt. Richtig bewusst wurde mir das vor zwei Jahren bei einem Ausflug in die wunderschöne Stadt Monschau – wo ich in der Altstadt auf eine Printen-Bäckerei stieß, vor der jeden Tag viele Kunden geduldig anstanden, auch um dort vor allem eine spezielle Sorte Brot zu holen. Am letzten Tag im Urlaub kauften wir uns dort ebenfalls zwei riesige runde Laibe mit leckerer Kruste für zu Hause – und da war er wieder, der authentische Brotgeschmack aus meiner Kindheit. Brot, das sich auch nach drei Tagen wie frisch anfühlt und von dem man einfach nicht genug bekommen kann. Leider ist es nicht möglich, das Brot dort zu bestellen bzw. über 600 km weit verschicken zu lassen, und so bin ich schließlich zum Brotbacken gekommen.

Brotbacken geht leichter, als man denkt, und gelingt von Mal zu Mal immer besser. Einsteiger können mit dem wirklich einfachen Ciabatta starten und sich dann langsam zum perfekten französischen Baguette und rustikalen Sauerteig-Brot vorarbeiten. Neben Wasser braucht man oftmals nur Mehl, Hefe und etwas Salz, entscheidend ist allerdings wie immer bei „schlichten" Rezepten die Qualität der Zutaten ...

Meine „3 in 1-Garantie" für dich:

- 🥖 Brotbacken macht Spaß – kleine Glücksmomente für dich im Alltag!
- 🥖 Dein eigenes Brot backen ist wirklich super einfach und schmeckt dir bestimmt!
- 🥖 Brotbacken entschleunigt, entspannt und tut garantiert gut!

Schneller als du denkst, bist du ebenfalls Brot verliebt und anstatt wie bisher einfach nur eine Sorte Mehl zu Hause zu haben, sieht es dann bei dir vermutlich so aus:

So, nun wünsche ich dir viel Freude beim Lesen des Buches und viel Spaß bei deiner ganz persönlichen Reise in die spannende Welt des Brotbackens!

INHALT – WAS DICH ERWARTET:

Teil 1

INHALT – WAS DICH ERWARTET:

Teil 2

Um als Anfänger Brot zu backen, braucht man vor allem eines – perfekte Grundrezepte, die garantiert gelingen. Hier sind über 30 meiner liebsten Brot- und Brötchenrezepte für jeden Geschmack:

INHALT – WAS DICH ERWARTET:

INHALT – WAS DICH ERWARTET:

KLEINE BROT-GESCHICHTE FÜR WISSBEGIERIGE

Wie kommt es eigentlich, dass wir heute weltweit so viele Sorten verschiedenes Brot haben, und wo hatte das alles seinen Ursprung?

Dafür musst du ca. 11.000 Jahre in die Vergangenheit reisen – damals entstand „Emmer" und „Einkorn", das Urgetreide, aus dem sich unsere heutigen Brotweizen entwickelt haben. Archäologische Funde haben nachgewiesen, dass diese Urgetreide bereits in der Zeit um 10.000 vor Christi Geburt in fast jeder Siedlung im Vorderen Orient angebaut wurden. Auch im Magen der 1991 in den Alpen gefundenen, 5.000 Jahre alten Gletschermumie „Ötzi" wurden Einkornreste nachgewiesen. Lange Zeit hatte man die Getreidekörner aber einfach nur roh verzehrt, bis jemand auf den Gedanken kam, die Getreidekörner zu zerkleinern, dieses Mehl in Wasser einzuweichen und die entstandene Masse auf einen heißen Stein zu geben. Das war die Geburtsstunde des bekannten Fladenbrotes, das bei fast allen Naturvölkern in diversen Variationen bekannt ist.

Den alten Ägyptern vor ca. 6000 Jahren ist vermutlich durch ein Versehen die Entdeckung des Sauerteiges zu verdanken: Vergessener Brotteig fing nach längerem Stehen an zu gären, ging dadurch auf und wurde beim Backen fluffiger und schmeckte besser. Aus weiteren Versuchen lernte man, dass zum Aufgehen des Teiges ein geschlossener Raum benötigt wird und dass man Brot besonders gut in erhitzten Tonbehältern oder in speziellen Öfen backen konnte. Durch die wachsende Weiterentwicklung der Brotback-Kultur wurde Brot bald ein wesentlicher Bestandteil des täglichen Speiseplans im alten Ägypten. Aufgrund ihres großen Brot-Konsums bekamen die Menschen am Nil deshalb auch den Spitznamen „Brotesser".

Durch den Auszug der Israeliten aus Ägypten kam das Brot dann vermutlich nach Europa bzw. zu den alten Römern. Aus dieser Zeit stammt lt. Überlieferung in der Tora die sog. Mazze / Matze, ein dünner, ungesäuerter Brotfladen. Matze wird aus Wasser und einer von fünf Getreidearten ohne jegliche Triebmittel gebacken (siehe Rezeptteil).

Die Römer verbesserten in der Folgezeit die wichtige Mehlherstellung durch die Erfindung der ersten Drehmühlen.

Neben Weizen wurde damals erstmalig auch Roggen angebaut, da in einigen Teilen des Römischen Reiches Weizen nicht gut gedieh. So gab es neben dem „helleren" Brot nun auch „dunkleres" Brot" aus Roggen, und nach und nach entwickelten sich immer mehr unterschiedliche Brotsorten, bei denen zum Teil auch beide Mehlsorten gemischt verwendet wurden.

Für die breite Bevölkerung in Europa wurde Brot aber erst im späten Mittelalter ein wichtiges Grundnahrungsmittel, da richtiges Brot für viele bis dahin einfach zu teuer war. Getreide wurde vor allem als Brei verzehrt. Beginnend zum Ende des 12. Jahrhunderts gründeten die Bäcker ihre ersten Zünfte, um gemeinsam ihre Interessen gegenüber dem Adel und der gesetzlichen Obrigkeit zu vertreten und verbindliche Regeln für das Bäckerhandwerk festzulegen. Den Beruf des Bäckers durften damals übrigens nur Männer ausüben.

Aus vielen Überlieferungen des Mittelalters ist bekannt, dass Brot für die verschiedenen Bevölkerungsschichten nur sehr unterschiedlich zugänglich war. Während Wohlhabende helles Brot aus sehr fein gemahlenem Mehl genießen durften, erhielten einfache Arbeiter lediglich dunkles Brot aus sehr grob gemahlenem Getreide.

SCHON GEWUSST?
10 ungewöhnliche Fakten rund ums Brot!

Ich habe beim Arbeiten an meinem Buch einige spannende Informationen gefunden, die dir vielleicht auch noch nicht bekannt waren:

→ Der Name Brot kommt vom althochdeutschen „prôt" und bedeutet so viel wie „Gegorenes".

→ Im Jahr 2020 wurden in Deutschland insgesamt rund 1.682.000 Tonnen Brot gekauft. Über 97 % der deutschen Haushalte essen regelmäßig Brot. (Quelle: GfK Gesellschaft für Konsumforschung)

→ Ein alter Brauch ist es, zum Einzug in ein neues Zuhause oder zur Hochzeit Brot und Salz zu schenken. Damit wünscht man den Beschenkten bzw. neuen Bewohnern eine lange Zeit des Wohlstands und des Glücks.

→ Das Deutsche Brotinstitut wählt jedes Jahr ein „Brot des Jahres", im Jahr 2020 wurde das Roggen-Vollkornbrot gekürt. In 2021 bekam das Dreikornbrot diese Auszeichnung, da es die besondere Getreidevielfalt Deutschlands widerspiegelt. Bei der Wahl werden Faktoren wie Kruste, Krume, Struktur, Geruch und Geschmack bewertet. (Quelle: Deutsches Brotinstitut)

→ Wusstest du, dass man eine Ausbildung als Brot-Somelier machen kann? Dabei wird neben einem umfangreichen Grundwissen zum Thema Brot besonderer Wert auf den Aspekt gelegt, welches Brot zu welcher Mahlzeit und zu welchen Getränken am besten passt. (Quelle: Deutsches Brotinstitut)

→ Für ein 500-g-Weizenbrot benötigt man ca. 5.500 geerntete und gemahlene Weizenkörner in Form von Mehl. (Quelle: Deutsches Brotinstitut)

→ Viele Laien schätzen, dass es ca. 300 bis 500 verschiedene Sorten Brot bzw. Brötchen im deutschsprachigen Raum gibt. Tatsächlich sind es aber über 3.000 unterschiedliche Brotspezialitäten, da es in jeder Region kleinere Abweichungen gibt und neben den herkömmlichen Brotsorten auch viele Variationen von Brezeln und Brötchen dazu zählen. (Quelle: Deutsches Brotinstitut)

→ Die beliebtesten Brote der Deutschen sind Mischbrote aus Weizen- und Roggenmehl. Diese sind dicht gefolgt von dem Zweitplatzierten, dem Toastbrot. (Quelle: Deutsches Brotinstitut)

→ Mit über 10.000 Meisterbetrieben, einem Gesamt-
umsatz von ca. 14,5 Mrd. Euro und über 250.000 Mitar-
beitern ist das deutsche Bäckerhandwerk ein wichtiger
Wirtschaftsfaktor.

→ Es ist besonders beliebt und bekannt: Unser Deutsches Butterbrot. Hast du schon gewusst, dass es einen
Tag des Deutschen Butterbrotes gibt? Dieser Ehrentag
ist jedes Jahr immer der letzte Freitag im September.

GRUNDWISSEN FÜR EINSTEIGER
Nützliche Helfer fürs Brotbacken

Nur mit den Händen allein klappt das Brotbacken nicht so gut – es gibt einige wertvolle Helfer, die dich dabei unterstützen können.

Schüssel für den Teig: Optimal ist eine Schüssel mit einem Fassungsvermögen von 2–3 Litern. Diese sollte nicht zu klein sein, da der Teig in ihr Platz zum Gehen benötigt.

Digitale Küchenwaage: Ich empfehle dir, sofern du noch keine hast, Küchenwaage und Rührschüssel im Set zu kaufen, da die Schüssel dann optimal auf die Waage passt.

Teigschaber: Diese sind wirklich wichtig. Damit kannst du vor allem den (klebrigen) Teig gut aus der Schüssel entnehmen, den fertig gekneteten Teig in Portionen zerteilen oder das Brot vor dem Backen für eine schönere Krustenbildung einritzen.

Küchenmaschine / Knetmaschine: Sie ist sehr praktisch für alle, die ihren Teig nicht gerne 10 Minuten lang mit der Hand kneten wollen. Ich habe mir diese Maschine zwar fürs Backen gekauft, nutze sie derzeit aber überwiegend nur noch für Kuchenteige.

Beim Brotbacken macht mir das Selberkneten einfach zu viel Spaß ...

Mehlstreuer: Er ist ausgesprochen hilfreich, um die Arbeitsfläche vor dem Kneten gleichmäßig mit Mehl zu bestreuen oder das Brot leicht zu bestäuben.

Bäckerleinen: Anfangs genügt sicherlich ein Küchenhandtuch, um das Brot während des Gehens zu bedecken oder darin einzuwickeln. Besser geeignet ist dafür jedoch ein sog. „Bäckerleinen", das zu 100% aus unbehandeltem Leinen besteht. Dieses Teigtuch nimmt überflüssiges Wasser auf und lässt den Teig hervorragend atmen.

GRUNDWISSEN FÜR EINSTEIGER
Mehlsorten

Bestimmt standest du schon einmal vor dem Einkaufsregal in einem großen Lebensmittelmarkt und warst völlig überrascht von der Vielfalt der unterschiedlichen Mehl-Sorten.

Außer den Getreidearten gibt es noch Unterschiede innerhalb der Mehlsorten, die mit Zahlen gekennzeichnet sind. Das ist sicherlich im ersten Moment etwas verwirrend, aber doch einfach zu erklären:

Lass uns damit beginnen, was die verschiedenen Zah-

len auf den Mehlpackungen aussagen – z. B. Weizenmehl 550 oder Weizenmehl 997.

Dieser Wert hat nicht etwa mit der Feinheit des Mehls zu tun, sondern bezieht sich auf die noch enthaltenen Mineralstoffe. Je größer die Zahl ist, desto mehr Mineralstoffe sind vorhanden.

Beispiel Weizenmehl Typ 550: 100 g von diesem Mehl beinhalten 550 mg Mineralstoffe (Magnesium, Kalium, Eiweiß, B-Vitamine sowie weitere Ballaststoffe, die ursprünglich aus den Schalen des Getreidekornes stammen).

Das heißt, bei sehr niedriger Zahl handelt es sich um sog., meistens sehr helles Auszugsmehl, bei dem vor dem Mahlen der Getreidekörner die Getreiderandschichten und der Keim entfernt wurden. Da sich bei Getreide die meisten Vitamine, Mineralstoffe und Ballaststoffe in der äußeren Schale des Korns befinden, sind Mehlsorten mit höherer Typenbezeichnung aufgrund der Art des Mahlens meist etwas dunkler. Im Umkehrschluss bedeutet das, je höher die Typenzahl ist, desto mehr Schalenbestandteile und damit umso mehr Vitamine, Mineral- und Ballaststoffe existieren im Mehl.

Neben den verschiedenen Sorten mit Typenbezeichnungen wie „Weizenmehl Typ 550" oder „Roggenmehl Typ 815" gibt es darüber hinaus noch Vollkornmehl (fein) und Vollkornschrot (grob) innerhalb der einzelnen Getreidearten. Beide Sorten bestehen aus den kompletten Körnern, und es fand keine Vorab-Sortierung statt. Sie werden bewusst keinem Typ zugeordnet, da sie je nach Ernteverlauf auf unterschiedliche Mineralstoff-Werte kommen. Man geht allerdings davon aus, dass diese Mehle bei einer Messung durchschnittlich bei einem „Typ-Wert" von ca. 1.800 liegen würden.

Fazit: Vielleicht denkst du jetzt: „Dann ist auf jeden Fall das Mehl mit der höheren Nummer und damit dem höheren Mineralstoffanteil auch automatisch besser." Nicht ganz richtig – natürlich sind die höheren Typen gesünder, aber es kommt auf die Verwendungsart an, welches Mehl für welches Brot vorteilhafter ist und besser verarbeitet werden kann. Das wird verständlicher, wenn wir die einzelnen Getreide-/Mehlarten betrachten:

WEIZENMEHL – DER „ALLROUNDER"

Sorten: Typ 405, Typ 550, Typ 812, Typ 1.050
Bei unserem Klassiker Weizenmehl gibt es die meisten verschiedenen Typ-Sorten. Der Typ 405 hat zwar

wenige Mineralstoffe, ist allerdings sehr vielseitig einsetzbar für z.B. Kuchen, Kekse oder zum Verdicken von Soßen. Die höheren Sorten eignen sich eher zum Backen von Weißbrot, Graubrot oder dem Herstellen von Pizzateig und Nudeln.

ROGGEN – DER „DUNKLE"

Sorten: Typ 815, Typ 997, Typ 1150, Typ 1370
Roggenmehl ist von Natur aus dunkler als das Weizenmehl, hat mehr Mineralstoffe und ist geschmacklich etwas kräftiger. Die ersten drei Typen sind perfekt für die Herstellung von Roggenbrot oder Mischbrot geeignet. Der Typ 1370 wird seltener genutzt und dann zumeist in Kombination mit anderen Mehlen zum Backen von Mischbroten.

DINKEL – DER „NUSSIGE"

Sorten: Typ 630, Typ 812, Typ 1050
Dinkel zeichnet sich durch einen leicht nussigen und sehr aromatischen Geschmack aus. Der Typ 630 und 812 kann gut als Ersatz für Weizenmehl bei Kuchen und Backwaren verwendet werden. Der höchste Typ 1050 ist optimal für Dinkelbrot und Mischbrote geeignet.

Dinkelmehl enthält deutlich mehr Gluten als Weizen- oder Roggenmehl. Bei Gluten-Unverträglichkeiten solltest du dies bitte beachten.

MAISMEHL – DER „EXOTE"

Wie du aus unserer kleinen Länderreise der Brote im hinteren Teil des Buches erfährst, wird Maismehl bevorzugt in Süd- bzw. Nordamerika genutzt, um damit leckere Fladenbrote oder Tortillas zu backen. Dieses etwas „exotische" Mehl schmeckt meist leicht süßlich nach Mais, aber ohne mit seinem Geschmack die Gerichte zu dominieren. Ich empfehle dir, Maismehl beim Backen immer etwas mit anderen Mehlsorten zu mischen, da es kein Kleber-Eiweiß enthält und ein Teig daraus nur schwer zusammenhaftet. Maismehl gilt übrigens als gute glutenfreie Alternative zu Standardmehlen wie Weizen, Dinkel und Roggen.

REISMEHL – DER „ALTERNATIVE"

Das Reismehl kommt ursprünglich aus Asien und wird aus Langkornreis hergestellt. In China und

Thailand wird Reismehl oft verwendet, um Soßen zu binden oder Desserts zu kreieren. Reismehl sollte beim Brotbacken, genauso wie das Maismehl, aufgrund des fehlenden Kleber-Eiweißes mit anderen Mehlsorten kombiniert und nicht allein benutzt werden. Reismehl gilt generell als sehr gut verdaulich und ist glutenfrei.

GRUNDWISSEN FÜR EINSTEIGER:
Fertige Backmischungen, gut oder schlecht?

Gute Frage, viele Anfänger (auch ich) machten ihre ersten Gehversuche beim Brotbacken häufig mit einer Fertigmischung, in der außer Wasser bereits alle Zutaten für ein Roggen- oder Weizenbrot bzw. ein Ciabatta enthalten sind. Dabei gibt es allerdings deutliche Qualitätsunterschiede: Die kostengünstigen Sorten aus dem Supermarkt unterscheiden sich geschmacklich teilweise deutlich von den teureren Bio-Mischungen, die man aber oftmals nur online kaufen kann.

Aber – vermutlich wirst du genau wie ich nach 2-3 Versuchen mit Fertigmischungen feststellen, dass der Weg das Ziel ist und „richtiges", d. h. komplett eigenständiges Backen deutlich mehr Spaß macht. Und besser schmeckt!

In Verbindung mit fertigen Brotmischungen stellt sich für viele oftmals die Frage nach der Anschaffung eines Brotback-Automaten.

Meine persönliche Erfahrung: Ja, du kannst damit tatsächlich einfach eine fertige Teigmischung mit der entsprechenden Wassermenge hineintun, das gewünschte Programm wählen, das Gerät einschalten und – fertig. Der Brotbackautomat rührt den Teig, lässt ihn entsprechend gehen und backt dann selbstständig mit der richtigen Temperatur das Brot.

Aber in der Regel sieht das Brot etwas seltsam aus, wie ein halbiertes Kastenbrot, hat ein Loch im Boden (der Rührhaken steckt die ganze Zeit beim Backen im Brot) und schmeckt meist nicht viel besser als das Brot im Supermarkt. Funktioniert zwar, hat für mich aber nichts mit Brotbacken zu tun…

GRUNDWISSEN FÜR EINSTEIGER:
Mehl richtig lagern

Wenn du gekauftes Mehl nicht sofort aufbrauchst, habe ich hier einige Tipps für dich gesammelt:

→ Mehl solltest du am besten immer möglichst kühl und dunkel lagern, aber bitte nicht etwa im Kühlschrank (ideal sind 14 – 18 Grad Lagertemperatur).

→ Ich empfehle dir, dein Mehl in einen luftdichten Behälter umzufüllen. So vermeidest du mit Sicherheit Feuchtigkeit, was zu Schimmel oder schlimmstenfalls zu Mehlwürmern führen kann.

→ Herkömmliche Mehle halten sich bei normaler Lagerung ca. bis zu einem Jahr. Vollkornmehle solltest du regelmäßig überprüfen und baldmöglichst verbrauchen, da bei ihnen das ganze Korn verarbeitet wurde und die enthaltenen fetthaltigen Bereiche des Kornes schneller verderben.

→ Woran merkst du eigentlich, ob Mehl bereits schlecht ist?
- Das Mehl riecht nicht mehr neutral, sondern hat eher einen süßlich-ranzigen Geruch.
- Dein Mehl sollte keine Klumpen bilden. Diese entstehen in der Regel, wenn bereits Feuchtigkeit in das Mehl eingedrungen ist.
- Mehl kann sehr schnell Gerüche aufnehmen. Deshalb achte möglichst darauf, Mehl nur neben geruchsneutralen Lebensmitteln zu lagern.

GRUNDWISSEN FÜR EINSTEIGER:
Brot und Brotteig aufbewahren und einfrieren

Damit dein frisches Brot möglichst lang luftig und lecker bleibt, braucht es die richtige Lagerung. Bei Brot gilt grundsätzlich: Zu viel Luft trocknet aus – kein Sauerstoff ist aber auch nicht gut und kann zu Schimmel führen. Um Schimmel und Trockenheit zu vermeiden, ist ein verschlossener Behälter mit einigen Luftlöchern eine gute Wahl. So kann dein Brot atmen und fühlt sich am wohlsten.

Generell gilt, dass helle Brotsorten weniger lange haltbar als dunkle Roggen- bzw. Vollkornbrote sind.

Du kannst dein (selbstgebackenes) Brot auch problemlos einfrieren und so bis zu mehrere Monate haltbar machen. Je frischer du es einfrierst, desto besser schmeckt das Brot, wenn du es wieder auftaust.

Bitte gefrorenes Brot am Vorabend aus dem Gefrierschrank nehmen und über Nacht in Ruhe auftauen lassen. Das Schnell-Entfrosten in der Mikrowelle tut weder dem Geschmack noch der Konsistenz des Brotes gut.

Deinen frischen Brotteig kannst du entweder im Kühlschrank (bis zu 24 Stunden, bei einigen Teigarten auch länger)

oder im Tiefkühlschrank (bis zu einem halben Jahr) aufbewahren. Bei der Lagerung im Kühlschrank solltest du bei Hefeteigen darauf achten, den Teig vorher nicht in der Wärme aufgehen zu lassen, sondern ihn direkt nach dem Kneten in den Kühlschrank zu stellen.

Den gekühlten Teig lässt du nach Entnahme aus dem Kühlschrank einfach für ca. 30–60 Minuten ruhen bzw. aufgehen und kannst ihn dann wie gewohnt weiterverarbeiten.

Wenn du einen eingefrorenen Teig auftauen möchtest, empfiehlt es sich, zuerst den Teig noch für einige Stunden im Kühlschrank zu lagern und dann erst bei Zimmertemperatur aufgehen zu lassen. Alternativ kannst du den gefrorenen Teig auch am Vorabend herausnehmen und dann über Nacht zugedeckt auftauen lassen.

Für beide Methoden gilt, dass der Teig in einem Behälter sein sollte, der etwas größer ist als die Teigmenge selbst, da er im Kühlschrank bzw. auch im Tiefkühlfach noch minimal weiter aufgeht.

GRUNDWISSEN FÜR EINSTEIGER:
Vom Umgang mit Hefe

Aus heute überhaupt nicht mehr verständlichen Gründen habe ich jahrelang um das Backen mit Hefe und damit vor allem um das Brotbacken einen großen Bogen gemacht. Warum eigentlich? Weil irgendwie und irgendwo immer „herumgeistert", dass der Umgang mit Hefe doch so schwierig sei. Wer weiß, ob der Hefeteig richtig aufgeht ...

Lass dir davon keine Angst machen – ich habe auch als Anfängerin noch nie Probleme mit Hefeteig gehabt!

In Wirklichkeit ist Hefe deine beste Helferin, wenn du ihr ein warmes Plätzchen zur Verfügung stellst und ein bisschen Zeit mitbringst.

Meine Tipps zum Brotbacken mit Hefe:

→ Hefe braucht Wärme, aber bitte keine Hitze. Optimal sind ca. 32–34 Grad, wofür ein Platz in der Nähe der Heizung gut geeignet ist. Der Teig gelingt auch bei normaler Zimmertemperatur an einem zugfreien Platz, benötigt dann aber etwas länger zum Gehen.

→ Die optimale Wassertemperatur zum Auflösen der Hefe liegt bei 35–37 Grad (lauwarm).

→ Hefeteig liebt ausgiebige Massagen – bitte so lange kneten, bis er sich schön geschmeidig bzw. elastisch anfühlt. Für mich übrigens der schönste Teil am Brotbacken, wenn ich mit den Händen fühle, wie der Teig entsteht ...

→ Bitte den Teig immer mit einem Tuch abgedeckt in der Schüssel gehen lassen.

→ Das Verfalldatum auf der Hefepackung solltest du unbedingt beachten, die Hefe muss noch aktiv sein (Triebkraft).

→ Wenn du den Teig während oder nach dem Gehen noch einmal durchkneten oder falten musst, solltest du das möglichst auf einem Holzbrett oder einer Holz-Arbeitsplatte und nicht auf einer kalten Marmorplatte tun.

→ Der Weg ist das Ziel – geduldig sein und die Geh-Zeiten bei den Rezepten einhalten. Das Brot dankt es dir.

Was ist unsere Backzutat „Hefe" eigentlich?

(Back-)Hefe ist ein industriell hergestellter Pilz, der aus speziell gezüchteten Hefezellen, der sog. Reinzuchthefe, produziert wird. Diese Reinzuchthefe gewinnt man aus der Weiterzüchtung von Sauerteighefen und Bierhefe.

Beliebte Streitfrage

Was ist besser – Trockenhefe oder frische Hefe?

Auch wenn ich wie viele Brot-Fans meistens frische Hefe verwende – auch Trockenhefe funktioniert bestens und hat den Vorteil, dass sie lange haltbar und deshalb immer in der Küche verfügbar ist. Damit kann man sich (und andere) spontan schnell mit frischen Brötchen oder Brot verwöhnen. Du kannst die Trockenhefe direkt mit dem Mehl vermischen und dann wie gewohnt verarbeiten.

Umrechnung:

1 Päckchen Trockenhefe (7 g) entspricht ca. 1/2 frischem Hefewürfel (21 g), d. h., 2 Päckchen = 1 Hefewürfel à 42 Gramm.

GRUNDWISSEN FÜR EINSTEIGER:
Keine Angst vorm Sauerteig

Sauerteig ist wie Hefe ein Backtriebmittel und enthält natürliche Hefen, die den Teig in dauernder Gärung halten. Durch diese Hefen erhöht sich das Volumen des Brotteiges – der Teig geht entsprechend auf, das Brot bekommt eine schöne, lockere Krume (Inneres des Brotes)

und ist zudem länger haltbar. Vereinfacht gesagt: Mehl reagiert mit Wasser, und dabei bilden die „guten" Bakterien aus dem Mehl andauernd natürliche Hefe und Milchsäuren. Zudem schmeckt Brot mit Sauerteig besser und ist deutlich bekömmlicher, also leichter verdaulich.

Was brauchst du für deinen Sauerteig-Ansatz?

→ Roggenmehl, möglichst Typ 1050 (Sauerteig kann man aber auch mit Weizenmehl ansetzen, z. B. für Pizzaböden und helle Brote)
→ Wasser
→ eine Schüssel mit Deckel (ca. 1 l Volumen)
→ Küchenwaage, möglichst digital
→ Glas mit Schraubdeckel für den späteren Rest bzw. das Anstellgut.

1. Tag (am besten morgens):

- 50 g Roggenmehl und
- 50 g lauwarmes Wasser

in der Schüssel verrühren und mit dem Deckel abdecken. Bitte diesen nur lose auflegen, aber nicht luftdicht verschließen, damit der Ansatz bzw. die Hefe in der Schüssel arbeiten kann. Dieses Mehl-Wasser-Gemisch dann an einem Ort mit gleichmäßiger Temperatur von ca. 24 Grad abstellen, wobei der Teig natürlich auch bei niedrigeren Temperaturen aufgeht. Je kühler der Lagerort während der Ansatztage ist, desto intensiver ist das säuerliche Aroma.

Wichtig: Nach 12 Stunden die Teigmischung einmal mit einer Gabel umrühren.

2. Tag (nach ca. 24 Stunden):

Weitere
- 25 g Roggenmehl
- 25 g lauwarmes Wasser

dazurühren und die Schüssel weiterhin abgedeckt an einem warmen Platz stehen lassen.

3., 4. und 5. Tag: Jeden Tag wie an Tag 2 jeweils

- 25 g Roggenmehl
- 25 g lauwarmes Wasser

dazu rühren und gehen lassen.

In diesen Tagen beginnt der Teig, kräftig zu blubbern und intensiv zu riechen. Sollte sich der Teig schwarz verfärben oder sogar Schimmel ansetzen, musst du den Teig bitte auf jeden Fall entsorgen und nochmals neu beginnen.

Nach fünf Tagen bist du fertig und hast jetzt einen leicht säuerlich duftenden Teig mit hellbrauner Färbung, mit dem du nun backen kannst.

Den fertigen Sauerteig kannst du problemlos 5–7 Tage im Kühlschrank aufbewahren und jederzeit ohne weitere Zugabe von Hefe das nächste Brot backen. Insofern solltest du ruhig immer etwas mehr Sauerteig vorbereiten, damit du einige Tage später nochmals Brot backen kannst.

Mein Tipp:

Friere deinen nicht aufgebrauchten Sauerteig doch einfach portionsweise in einer Gefrierdose oder in einem Zipp-Beutel ein. Er ist dann nach dem Auftauen sofort einsatzfähig und nach meinen Erfahrungen ca. 4–6 Monate haltbar.

Anstellgut züchten

Damit du nicht jedes Mal von vorne anfangen und 5 Tage warten musst, kannst du auch mit einer kleinen Menge deines fertigen Sauerteiges sog. „Anstellgut" züchten. So bist du bereits nach ca. 12 Stunden wieder bereit zum Brotbacken.

Dafür füllst du einfach 3–5 Esslöffel deines fertigen Sauerteiges in ein Glas mit Schraubverschluss, das du dann verschlossen bis zum nächsten Backen im Kühlschrank aufbewahrst.

Da die Hefebakterien bei längerer Lagerung absterben, nimmst du nun einmal wöchentlich einen kleinen Teil dieses Anstellgutes (ca. 20 g) und „versorgst" es mit neuem Mehl und Wasser (ca. 50 g Mehl sowie 50 g Wasser). Damit gewinnst du frisches Anstellgut zum Aufbewahren.

Sobald du mit dem Anstellgut backen möchtest, gibst du einfach einen kleinen Teil davon mit 100 g Mehl und 100 g lauwarmem Wasser in eine Schüssel. Diese lässt du 12–16 Stunden abgedeckt an einem warmen Standort stehen und gewinnst ca. 200 g fertigen Sauerteig, mit dem du direkt backen kannst.

Fertigen Sauerteig kaufen:
Wenn's mal schnell gehen soll, kannst du auch fertigen Sauerteig aus dem Supermarkt einsetzen. Dieser wird meistens in Tüten à 75 Gramm verkauft, ist sofort gebrauchsfertig und genügt für ca. 500 Gramm Mehl.

GRUNDWISSEN FÜR EINSTEIGER:
Vom Kneten, Dehnen und Falten

Gute Zutaten alleine sind nicht entscheidend für ein wirklich leckeres Brot, sondern diese Zutaten müssen auch ausreichend zu einem homogenen Teig vermischt werden. Und das geht nur durch Kneten, Dehnen und Falten.

Am Anfang habe ich meinen Brotteig nach Anleitung aus einem Backbuch immer mit der (wirklich perfekten) Küchenmaschine geknetet, dann aber zum Glück das Kneten und Falten per Hand für mich entdeckt. Und – es macht einfach Spaß.

Auch wenn es anfangs manchmal eine etwas klebrige Angelegenheit sein kann, ist es für mich und viele andere Brotback-Fans immer etwas ganz Besonderes, mit den eigenen Händen zu fühlen und zu verstehen, wie sich der Teig während dieses Prozesses verändert.

Sobald du die Zutaten für deinen Teig in einer Schüssel vermengt hast, solltest du ganz entspannt 6–10 Minuten zum Kneten und Falten einplanen. Als Unterlage dafür nehme ich gerne ein leicht bemehltes, breites Holzbrett. Bei der notwendigen Technik geht es vor allem darum, den Teig immer wieder zu dehnen und zusammenzufalten, um das sog. „Gluten" im Teig zu aktivieren.

Und so geht's am besten:

Ich entnehme den Teig mithilfe des Teigschabers oder den Händen aus der Schüssel und lege ihn auf die mit Mehl bestreute Arbeitsfläche. Wenn ich den Teig zu einer arbeitsfähigen Konsistenz verknetet habe, beginne ich wechselweise mit Dehnen und Falten:

Dazu halte ich das Teigstück an einer Seite fest und ziehe es mit einer schnellen Bewegung mit der anderen Hand auseinander.

Das gezogene, obere Ende falte ich dann wieder zurück. Dieses Dehnen und Falten wiederhole ich wechselweise ca. 4–5 Minuten lang in alle Richtungen. Dadurch verbindet sich der Teig schneller als durch einfaches Kneten und bekommt bald eine dehnbare Konsistenz, die beim Ziehen nicht mehr einreißt.

Jetzt kannst du den Teig zu einem kleinen Ball formen und diesen zugedeckt in der Schüssel gehen lassen.

GRUNDWISSEN FÜR EINSTEIGER:
Veganes Backen

Immer mehr Menschen, auch in meinem Freundeskreis, interessieren sich für rein pflanzliche Ernährung und leben teilweise vegan. Aktuell geht man davon aus, dass bereits zwischen 1,3 und 2 Millionen Menschen in Deutschland Veganer sind und dass diese Zahl auch zukünftig weiter ansteigt.

Die Grundzutaten für Brot: Mehl, Hefe und Wasser sind bereits vegan. Dennoch gibt es einige Bestandteile im Bereich des Brot-Backens, die du ganz einfach ersetzen kannst, wenn du vegan backen möchtest.

Hier eine kleine Übersicht mit passenden Alternativen:

ZUTATEN	ALTERNATIVE 🌱
Eier	Ei-Ersatz / veg. Ei-Ersatzpulver
Butter	Pflanzliche Margarine
Honig	Agavendicksaft, Ahornsirup
Milch	Pflanzenmilch: z.B Soja-, Mandel-, Hafer- oder Reis-Milch

Du möchtest auf den bereits fertigen Ei-Ersatz verzichten? Dann kannst du das Ei in deinem Rezept auch komplett weglassen. Das Ei dient meistens nur als Bindemittel und Flüssigkeit-Spender. Aber z.B. Weizenmehl verfügt bereits über ausreichend Gluten, das aufgrund seines Kleber-Eiweißes ebenfalls eine bindende Eigenschaft besitzt. Somit kannst du einfach den Weizenmehl-Anteil etwas erhöhen, anstatt Ei-Ersatz zu benutzen. Beachte dabei aber bitte, dass der Flüssigkeitsanteil (Milch, Wasser) auch entsprechend erhöht werden muss, damit ein homogener Teig entsteht.

Hier einige vegane Zutaten, mit denen du dein Brot mit Sicherheit „aufpeppen" kannst:

→ Haferflocken
→ Kichererbsen-Mehl
→ Chiasamen, Leinsamen
→ Kokoswasser, Kokosmilch
→ Kürbis-, Sonnenblumen-Kerne
   und Nüsse wie z. B. Mandeln

GRUNDWISSEN FÜR EINSTEIGER:
Glutenfreies Backen

In Deutschland leiden einige Menschen an sog. Zöliakie, einer Gluten-Unverträglichkeit. Davon Betroffene müssen in manchen Bereichen ihrer Ernährung Abstriche machen und nicht immer findet man ortsnah einen Bäcker, der komplett glutenfreies Brot verkauft. Dabei ist es recht einfach, selber glutenfreies Brot zu backen.

Gluten ist Bestandteil der meisten Mehlsorten, wie z.B. Weizen, Dinkel oder Roggen. Diese Mehlsorten müssen wir für glutenfreies Brot ersetzen.

Sehr wichtig: Leider kannst du das in den Rezepten zum Brotbacken verwendete Roggen- oder Weizen-Mehl nicht einfach eins zu eins durch glutenfreies Mehl wie z.B. Maismehl oder Reismehl ersetzen. Durch das fehlende Kleber-Eiweiß entstünde bei diesen Mehlsorten leider kein homogener Teig, und das Ergebnis wäre viel zu trocken.

Heutzutage kannst du im Handel und online mittlerweile glutenfreie Mehlmischungen kaufen, denen bereits ein Bindemittel hinzugefügt wurde und die dadurch zum Backen geeignet sind. Auf Dauer ist dieser Ersatz jedoch ziemlich teuer und deshalb empfehle ich dir, doch einfach deine eigene glutenfreie Mehlmischung herzustellen.

Dafür brauchst du drei Grundzutaten, die du in folgendem Verhältnis vermischst:
- 2/3 Glutenfreies Mehl
- 1/3 Speisestärke
- Ca. 1–3 EL Bindemittel (mit 1 Esslöffel anfangen und je nach Konsistenz des Teiges noch etwas hinzugeben)

Hier eine kleine Tabelle, die die Auswahl möglicher Grundzutaten zeigt:

GRUNDZUTATEN	AUSWAHL (GLUTENFREI)
Glutenfreies Mehl	Reis-, Mais-, Hirse-, Nuss-, Soja-, Hafer-Mehl
Stärke	Mais-Stärke, Kartoffelmehl
Bindemittel	Gemahlene Flohsamenschalen, Jonhannisbrotkernmehl, Chiasamen, Xantham, Leinsamen

Bei deinen ersten Back-Versuchen mit glutenfreiem Teig solltest du nur kleinere Mengen herstellen, da er sehr empfindlich ist und du die für dich wirklich passenden Grundzutaten erst noch finden musst. Ganz nach dem Motto: „Probieren geht über Studieren".

GLUTENFREIER HEFETEIG:

Hierbei solltest du wissen, dass er nicht so stark wie ein normaler Weizen-Hefeteig aufgeht – das ist völlig normal! Meine Empfehlung: Den glutenfreien Hefeteig einfach etwas länger gehen lassen als im „normalen Rezept" angegeben.

JETZT GEHTS LOS:

Über 30 meiner liebsten Brot- und Brötchenrezepte für jeden Geschmack

ALTROGGENBROT
Gutes braucht seine Zeit ...

Altroggenbrot – mein absolutes Lieblingsbrot. Erst hatte ich es lange vor mir hergeschoben, weil mir der zeitliche Aufwand irgendwie zu hoch vorkam. Dann mein erster Versuch, und ich war begeistert. Knusprig, leichte Krume, weicher Kern, angenehmer Duft und mit Butter und meiner eigenen Brotzeit-Gewürzmischung ein absoluter Genuss. Hier zeigt sich, was für ein tolles Brot mit etwas Aufwand und ausreichender Geh-Zeit entstehen kann.

WAS DU BRAUCHST:

Für den Altbrot-Vorteig

- 150 g Wasser
- 75 g altes, gewürfeltes Roggenbrot/Roggenmischbrot
- 75 g Weizenmehl Typ 1050
- 1 g Frischhefe

Für den Hauptteig

- Den vorbereiteten Altbrot-Vorteig
- 75 g Sauerteig (ggf. rechtzeitig vorher ansetzen)
- 100 g Weizenmehl Typ 1050
- 250 g Roggenmehl Typ 1150
- 230 g Wasser
- 2 TL Salz
- 10 g Frischhefe o. ½ Tüte Trockenhefe

Mein Tipp:

Reste von Weizen- oder Roggenbrot schneide ich immer in kleine Würfel und friere diese in 50 bis 100-g-Portionen ein. Daraus bereite ich einige Tage vor dem Brotbacken einen einfachen Altbrot-Vorteig zu und mische diesen dann dem jeweiligen Brotrezept bei. Experimentiere ruhig mal damit, diese Verwendung von Altbrot gibt vielen Broten einen guten Extrageschmack.

LOS GEHTS – DIE ZUBEREITUNG:

Für dieses Brot solltest du vier Tage Vorlaufzeit einplanen, da der Altbrot-Vorteig so lange ruhen muss. Das bedeutet, du kannst erst am 5. Tag mit dem Brotbacken starten:

1. BIS 3. TAG – ALTBROT-VORTEIG:

Die Brotwürfel ca. 90 Minuten in dem Wasser einweichen, dann mit einer Gabel zerdrücken. Nun mit dem Weizenmehl und der Hefe zu einem Teig verkneten. Das Gefäß abdecken und drei Tage im Kühlschrank ruhen bzw. gehen lassen.

4. TAG

Alle Zutaten vermischen und dann mit einer Küchenmaschine oder per Hand ca. 8 Minuten kneten. Wenn der Teig zu trocken bzw. krümelig ist, noch etwas Wasser zugeben. Ist er zu feucht oder zu klebrig, noch ein wenig Mehl einarbeiten. Beim Kneten per Hand merkst du am besten, ob der Teig schön geschmeidig geworden ist, wobei er ruhig etwas klebrig sein darf.

Dann den Teig für ca. 1–1,5 Stunden bei Raumtemperatur gehen lassen und anschließend mehrfach falten. Jetzt die Teigschüssel über Nacht bzw. ca. 10 Stunden gut abgedeckt im Kühlschrank lagern.

5. TAG

Den Teig jetzt zu einem runden Laib formen, in eine Schüssel oder einen sog. Gärkorb legen und dabei in Bäckerleinen einwickeln bzw. mit einem Küchenhandtuch abdecken. Den Teig dann bei Raumtemperatur ca. 90 Minuten gehen lassen. Rechtzeitig (mindestens 45 Minuten vorher) den Backofen auf 230–240 Grad Ober- und Unterhitze vorheizen. Den Laib auf einen mit Backpapier oder Silikon-Backunterlage ausgelegten Blech legen, nach Wunsch einschneiden und auf die 2. Schiene von unten in den Ofen geben.

Wichtig ist es nun, viel zu Dampf erzeugen – ich stelle dafür eine kleine Auflaufform mit Wasser unten in den Ofen. Die Feuchtigkeit sorgt dafür, dass das Brot eine schöne Kruste und Form erhält. Nach 10 Minuten solltest du die Temperatur auf ca. 200 Grad reduzieren und die Ofentür einmal kurz öffnen, um den Wasserdampf abzulassen. Jetzt noch für ca. 30–40 Minuten fertig backen.

Mein Tipp:

Woran merkt man, ob das Brot gar gebacken ist?
Ich nehme es ca. 5 Minuten vor Ende der geplanten Backzeit mit einem Handschuh oder Topflappen heraus, drehe es um und klopfe auf die Unterseite. Klingt es dabei hohl, ist das Brot fertig – anderenfalls lasse ich es einfach noch etwas länger im Ofen.

BAGELS
die Brötchenspezialität aus New York

BAGELS
die Brötchenspezialität aus New York

Die auch bei uns beliebten Bagels wurden ursprünglich von osteuropäischen jüdischen Einwanderern in den USA und Kanada eingeführt. Seit den 70er-Jahren ist der Bagel als typisch amerikanisches Backwerk weltweit bekannt und gehört in vielen herzhaften und süßen Variationen zum Ernährungsalltag im amerikanischen und kanadischen Raum.

WAS DU BRAUCHST:

- 500 g Weizenmehl Typ 550
- 21 g (½ Würfel) frische Hefe o. 1 Beutel Trockenhefe
- 110 ml Milch
- 160 ml lauwarmes Wasser
- 2 EL gutes Speiseöl (Rapsöl o. ä.)
- 2 EL Zucker
- 2 TL Salz
- 1 Ei (bitte nicht in den Teig, nur zum Bestreichen)
- Je nach Geschmack etwas Sonnenblumen- oder Kürbiskerne, Sesamsamen oder Mohn zum Bestreuen

LOS GEHTS – DIE ZUBEREITUNG:

1. Die Hefe in dem warmen Wasser durch Rühren auflösen und mit dem Öl, Mehl, Zucker, Salz und der Milch in einer Schüssel verrühren.

2. Alle Zutaten mit der Küchenmaschine oder per Hand in ca. 5–6 Minuten zu einem glatten Teig kneten und zugedeckt in einer Schüssel bei Zimmertemperatur ca. 1 Stunde gehen lassen.

3. Den fertigen Bagel-Teig jetzt nochmals auf einer bemehlten Arbeitsfläche gut durchkneten und in ca. 8-10 Portionen teilen. Diese zu Kugeln formen und mit beiden Daumen oder mithilfe eines Kochlöffelstiels ein Loch in die Mitte der Kugeln stechen. Dieses Loch wird nun auf eine Innen-Größe von ca. 3–4 cm gedehnt (siehe Foto). Deine Teiglinge legst du dann mit Abstand auf ein mit Backpapier belegtes Blech, deckst sie mit einem Tuch ab und lässt sie nochmals ca. 30 Min. ruhen.

4. Den Backofen auf 200 Grad (Umluft: 180 Grad) vorheizen und einen mittelgroßen Topf mit Wasser zum Kochen bringen. Wenn das Wasser kocht, stellst du den Topf zur Seite, gibst vorsichtig mit einer Schaumkelle oder einem Pfannenwender jeweils zwei Bagels in das siedende Wasser und lässt sie von beiden Seiten ca. 30 Sekunden ziehen. Jetzt mit dem Pfannenheber die Bagels auf das Backpapier zurücksetzen.

5. Das Ei mit einer Gabel verquirlen und damit die Bagels mit einem Pinsel bestreichen – sowie nach Belieben mit Mohn, Sesamsamen, Kürbis- oder Sonnenblumenkernen bestreuen. Im Backofen auf mittlerer Schiene für ca. 20 Min. backen und vor dem Essen komplett abkühlen lassen.

? SCHON GEWUSST?

Durch das kurze Einlegen der rohen Teiglinge in das siedende Wasser (sog. „Blanchieren") bildet sich zusätzliche Feuchtigkeit auf der Teigoberfläche und die Bagels gehen beim Backen schön auf und werden im Innern nicht zu trocken.

BAGUETTE
fast wie in Frankreich

BAGUETTE
fast wie in Frankreich

WAS DU BRAUCHST:

- 500 g Weizenmehl Typ 550
- 1 Würfel frische Hefe oder 2 Tütchen Trockenhefe (wenn du den Teig über Nacht gehen lässt, genügt die Hälfte an Hefe, also ½ Würfel bzw. 1 Tütchen)
- ca. 330 g lauwarmes Wasser
- ca. 10 g Salz (2 gestrichene Teelöffel)
- Backpapier oder Backunterlage aus Silikon

Mein Tipp:
Ich persönlich nehme immer gemischt 400 g Weizenmehl Typ 550 und 100 g Weizenmehl Typ 1050. Wenn es schnell gehen soll und nichts anderes im Vorrat ist, geht aber auch Standard-Weizenmehl Typ 550.

SCHON GEWUSST?

Kennst du den Grand Prix de la Baguette de la Ville de Paris – den Backwettbewerb für das beste Baguette der Stadt Paris?

Bei diesem Grand Prix, der seit 1994 jedes Jahr von der Stadt Paris organisiert wird, kämpfen fast alle der ca. 150 Bäckereien der Stadt um den begehrten Titel und den damit verbundenen Hauptpreis. Bewertet werden Länge, Form, Gewicht, Farbe, Krume und Kruste, vor allem aber der Geschmack. Der Gewinner erhält nicht nur eine Medaille und einen Preis von 4.000 Euro, sondern zusätzlich einen Einjahres-Vertrag für die exklusive Belieferung des französischen Präsidenten bzw. des Élysées-Palastes.

LOS GEHTS – DIE ZUBEREITUNG :

1. Die frische Hefe im lauwarmen Wasser auflösen und mit einer Gabel gut umrühren. (Bei Verwendung von Trockenhefe diese einfach mit dem Mehl und Salz vermengen – siehe Schritt 2).

2. Das Mehl und das Salz gut mischen und dann mit einem Kochlöffel/Holzlöffel das Wasser unter ständigem Rühren dazugeben.

3. Nun mit den Händen alles zu einem gleichmäßigen Teig kneten (bitte nicht zu lange) und eine Kugel daraus formen. Falls der Teig noch zu weich/klebrig oder zu fest ist, gib einfach entweder noch etwas Wasser oder ein wenig Mehl dazu.

4. Diese Kugel dann für 1 Stunde in Deiner Backschüssel zugedeckt mit einem feuchten Tuch gehen lassen und während dieser Zeit dreimal, also alle ca. 20 Minuten falten.

Dazu nimmst du nach jeweils 20 Minuten den Teig aus der Schüssel, legst ihn auf eine bemehlte Tisch- oder Arbeitsfläche und drückst ihn vorsichtig zu einem ungefähren Viereck auseinander. Dann wird er in vier Schritten wie ein Tuch zusammengefaltet und umgedreht wieder in die Schüssel zurückgelegt, um die nächsten 20 Minuten zu gehen. Hier das Falten Schritt für Schritt:

Bild 6 zeigt übrigens, wie schön der Teig dann nach 1 Stunde hochgegangen ist...

5. Nach dieser Stunde und dem dreimaligen Falten teilst du deinen Teig einfach in 3 oder 4 Stücke, formst daraus Baguettes und lässt diese entweder in Bäckerleinen oder zugedeckt nochmals für ca. 20 Minuten auf dem Backblech gehen. Bitte Backpapier oder eine Silikon-Backmatte darunterlegen.

6. Während dieser Zeit den Backofen mindestens 30 Minuten lang auf 220 bis 230 Grad vorheizen.

Wichtig: Unbedingt eine ofenfeste Auflaufform oder Schale mit Wasser gefüllt unten in den Ofen stellen – Baguette braucht den Wasserdampf, um schön knusprig zu werden. Das Brot nun mit einem Messer auf der Oberseite mehrfach schräg einritzen und ca. 20 Minuten auf mittlerer Schiene backen lassen.

Fertig – jetzt nur noch etwas Geduld, das Baguette abkühlen lassen und dann kannst du es mit französischem Käse wie z. B. Roquefort oder Camembert genießen. Bon appétit!

BAGUETTE-BRÖTCHEN

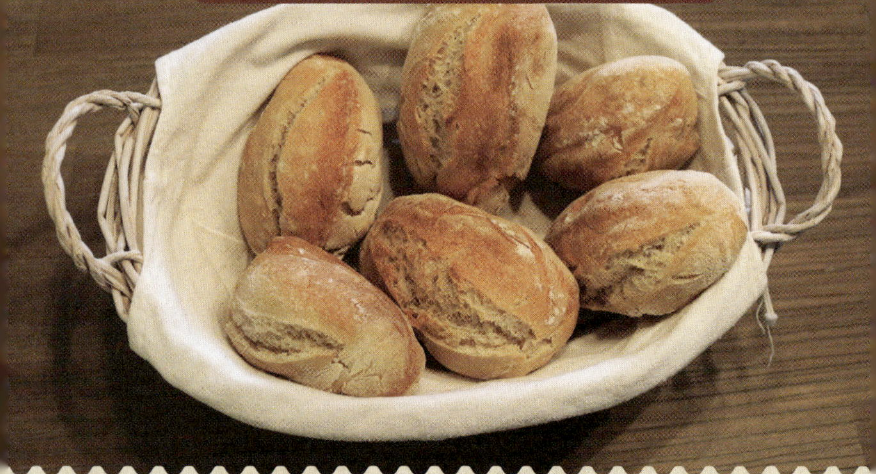

BAGUETTE-BRÖTCHEN

Gibt es etwas Besseres, als am Wochenende morgens frisch gebackene Brötchen zu genießen?

Hier habe ich ein tolles Rezept für dich, das du schon am Vortag in Ruhe vorbereitest und dann am nächsten Morgen nur noch backen musst:

WAS DU BRAUCHST:

- 350 g Weizenmehl Typ 550
- 50 g Weizenvollkornmehl
- 50 g Roggenmehl Typ 997
- 280 g Wasser
- 10 g Frischhefe
- 2 TL Salz
- 1 TL Olivenöl

LOS GEHTS – DIE ZUBEREITUNG:

1. Nachdem du alle Zutaten sorgfältig vermischt hast, knetest du deinen Teig kurz durch. Dann lässt du ihn in einer Schüssel zugedeckt bei Raumtemperatur gehen und faltest ihn dabei in Abständen von 15–20 Minuten (Falten – siehe Baguette).

Falls der Teig anfangs noch zu sehr klebt, benutz zum Falten anstatt der Hände einfach einen Teigschaber. Du wirst merken, dass der Teig durch das Falten immer geschmeidiger und glatter wird.

2. Anschließend füllst du den Teig in eine ausreichend große Schüssel oder Dose mit Deckel und stellst diese möglichst für mindestens 12 Stunden (über Nacht)

in den Kühlschrank. Hier gilt: je länger, desto besser. Du kannst den Teig auch gerne bis zu 3 Tage vorher zubereiten und im Kühlschrank ruhen lassen. Ideal sind nach meiner Erfahrung ca. 24 Stunden.

3. Am Morgen der Zubereitung nehme ich als Erstes die Teigschüssel aus dem Kühlschrank und heize den Backofen bei voller Hitze (230–240 Grad) auf. Auf den Boden des Backofens stelle ich noch eine hitzebeständige Auflaufform mit 2–3 Tassen Wasser, um Dampf im Backofen zu erzeugen.

4. Nun geht es ans Formen der Brötchen. Dazu drückst du die Teigkugel auf der bemehlten Arbeitsfläche vorsichtig mit den Händen zu einer leicht rechteckigen Platte und zerteilst diese mit dem Teigschaber oder einem Messer in 6–8 gleichmäßig große Stücke.

Aus diesen Stücken formst du nun die entsprechenden Brötchen, schneidest ihre Oberfläche mit dem Messer flach ein und legst die Teiglinge in ein mit Mehl bestreutes Tuch oder Bäckerleinen.

5. Wenn die Brötchen etwa 30 Minuten bei Zimmertemperatur gegangen sind, legst du sie auf das Backblech (mittlere Schiene, Backpapier/Backmatte nicht vergessen) und backst sie in ca. 15–20 Minuten goldbraun. Nach ca. 10 Minuten solltest du zum Dampfablassen kurz die Tür öffnen. Falls die Baguette-Brötchen zu dunkel werden, bitte die Temperatur auf ca. 200 Grad senken.

Mein Tipp:

Probiere die Rezepte für Baguette oder Baguette-Brötchen doch einfach mal mit Dinkelmehl oder einem größeren Anteil an Roggenmehl aus. Diese Brötchen schmecken dann etwas kräftiger und passen gut zu einem herzhaften Belag.

BERLINER SCHRIPPEN
das einfache Weizenbrötchen-Rezept meines Großvaters

Von meinen Großeltern aus Berlin stammt das Rezept für die typischen Berliner Schrippen – hausgemachte Sonntags-Brötchen. Die Zubereitung mit nur 4 Zutaten ist ziemlich einfach.

WAS DU BRAUCHST:

- 500 g Weizenmehl Typ 550
- 21 g Frischhefe (½ Würfel) oder 1 Beutel Trockenhefe
- 2 TL Salz
- 1 TL Zucker
- 300 ml lauwarmes Wasser

LOS GEHTS – DIE ZUBEREITUNG:

1. Die Hefe und den Zucker in dem warmen Wasser auflösen und in einer separaten Schüssel das Mehl mit dem Salz mischen.

2. Nun das Hefewasser zum Mehl geben und aus allen Zutaten mit der Küchenmaschine oder den Händen in ca. 5-6 Minuten einen glatten Teig kneten. Der Teig sollte zum Schluss nicht mehr an den Händen kleben, ansonsten einfach mit etwas mehr Mehl (oder Wasser) entsprechend korrigieren.

3. Den Teig in der Schüssel abgedeckt ca. 60 – 90 Minuten gehen lassen.

4. Dann den Teig mit einem Teigschneider in ca. 6-10 gleich große Teigstücke für jeweils ein Brötchen zerteilen, formen und auf ein mit Backpapier ausgelegtes Backblech legen.
Die Brötchen auf der Oberseite längs leicht einschneiden, mit einem Tuch zudecken und weitere 30 Minuten gehen lassen, bis sich ihr Volumen deutlich vergrößert hat.

5. In der Zwischenzeit den Backofen auf 230 bis 240 Grad vorheizen und eine Auflaufform oder feuerfeste Schüssel mit Wasser hineinstellen.

6. Wenn die Brötchen aufgegangen sind (Schritt 4), diese mit Wasser besprühen oder einpinseln und für ca. 10 Minuten bei Höchsttemperatur im Ofen auf mittlerer Schiene backen. Nach diesen 10 Minuten solltest du die Hitze auf 200 Grad reduzieren und die Brötchen möglichst nochmals mit Wasser einsprühen. Nach 6 bis 10 Minuten sind deine Schrippen dann fertig.

BERLINER SCHUSTERJUNGEN
das berühmte Roggenbrötchen

BERLINER SCHUSTERJUNGEN
das berühmte Roggenbrötchen

Ein weiteres Familien-Rezept meiner Großeltern sind die sog. „Berliner Schusterjungs": Roggen-Weizen-Brötchen mit einem kräftigen Geschmack, optimal geeignet für einen herzhaften Belag. Traditionell werden Schusterjungs gerne mit Schmalz bestrichen und mit Harzer Käse oder mit Hackepeter (frisches Schweinehackfleisch) belegt.

WAS DU BRAUCHST:

- 200 g Weizenmehl Typ 550
- 400 g Roggenmehl Typ 997
- 42 g (1 Würfel) frische Hefe o. 2 Beutel Trockenhefe
- ca. 380 ml lauwarmes Wasser
- 1 TL Salz
- 1 Prise Zucker

LOS GEHTS – DIE ZUBEREITUNG:

1. Das Weizenmehl und das Roggenmehl in einer Schüssel mit dem Salz vermischen. Die Hefe zerbröckeln und zusammen mit dem Zucker im lauwarmen Wasser auflösen.

2. Nun alle Zutaten in der Schüssel verrühren und dann mit den Händen oder der Küchenmaschine gut durchkneten. Den Teig dann für ca. 45–60 Minuten bei Zimmertemperatur gehen lassen.

3. Als Nächstes heizt du deinen Backofen auf 220 Grad vor. Währenddessen formst du den Teig auf einer bemehlten Arbeitsfläche zu einer Rolle und zerteilst diese in 6–8 Scheiben. Diese Teiglinge formst du zu runden Brötchen und legst sie auf ein mit Backpapier oder mit einer Backmatte ausgelegtes Blech.

4. Auf mittlerer Schiene werden die Schusterjungen dann ca. 20 Minuten gebacken, eventuell nach 10 Mi-

nuten die Temperatur etwas senken. Abschließend die noch warmen Berliner Schusterjungen vom Blech nehmen, in etwas Roggenmehl wälzen und abkühlen lassen.

Mein Tipp:

Für alle Brotsorten – bitte nach dem Backen nicht auf der Arbeitsplatte oder einer flachen Unterlage abkühlen lassen, sondern möglichst auf einem Kuchengitter oder Rost. Die Luftzirkulation von unten sorgt dafür, dass sich kein Schwitzwasser bildet und sich das Brot gleichmäßig abkühlt.

CIABATTA
original italienisches Weißbrot

Ciabatta – einfacher und schneller kann Brotbacken nicht sein …
Ich backe mittlerweile mehrfach im Monat Ciabatta, es lässt sich gut einfrieren und kann nach dem Auftauen sofort ohne erneutes Aufbacken genossen werden.

WAS DU BRAUCHST:

- 500 g Weizenmehl Typ 405 oder 550
- 42 g (1 Würfel) frische Hefe o. 2 Beutel Trockenhefe
- 3 EL Olivenöl
- 2 TL Salz
- 350 ml lauwarmes Wasser

LOS GEHTS – DIE ZUBEREITUNG:

1. Die Hefe im Wasser auflösen und das Mehl mit dem Salz in einer Schüssel vermischen. Das Hefewasser und die 3 EL Olivenöl rührst du nun in die Schüssel mit dem Mehl ein. Den Teig etwas durchkneten – er ist anfangs aber noch ziemlich weich und sollte dann abgedeckt ca. 2 Stunden in der Schüssel bei Zimmertemperatur ruhen, damit er sich gut entfalten kann.

Teig nach dem Kneten

Teig nach ca. 2 Stunden

2. Nun den Teig auf eine stark bemehlte Arbeitsplatte geben und mehrfach falten (siehe Anleitung Baguette). Zugedeckt ruht er nun auf der Arbeitsfläche für 15 Minuten. Danach faltest du den Teig dreimal zu Päckchen und lässt ihn nochmals 15 Minuten zugedeckt gehen.

3. Den Backofen solltest du frühzeitig auf ca. 230 – 240 Grad vorheizen.

4. Aus dem Teig werden jetzt ein oder zwei Teigstränge geformt. Diese in sich leicht drehen (so, als willst du ein Handtuch leicht auswringen) – das gibt dem Ciabatta eine schöne, originelle Form. Den geformten Teig nun auf ein mit Backpapier ausgelegtes Blech legen und zugedeckt erneut 30 Minuten ruhen lassen.

5. Das Blech auf die zweite Schiene von unten in den Backofen geben und das Brot in ca. 20 bis 25 Minuten fertig backen. Nach ca. 17 Minuten die Garprobe machen (auf die Rückseite des Brotes klopfen, ob es sich bereits hohl anhört).

Mein Tipp:

Ciabatta bzw. Brot kannst du auch gut in kleineren oder größeren Brot-Backformen backen, wenn dir ein rechteckiges Format oder eine entsprechende Höhe für das Belegen der Brotscheiben wichtig ist.

Sofern diese Form nicht besonders beschichtet ist, solltest du sie vorher mit etwas Butter ausstreichen.

CIABATTA MIT OLIVEN

Für diese beliebte Variante brauchst du dem Grundrezept für Ciabatta lediglich noch 50 bis 70 Gramm grüne oder/und schwarze Oliven zuzufügen. Diese schneidest du in kleine Stücke oder dünne Ringe und mischst sie beim Kneten vorsichtig mit unter den Teig.

CIABATTA MIT KRÄUTERN UND GETROCKNETEN TOMATEN

Sehr lecker und ein Hingucker für deinen italienischen Abend: Dem Grundteig Ciabatta beim Kneten noch 5-6 kleingeschnittene getrocknete Tomaten und 1 TL italienische Kräuter untermischen. Ich nehme meistens in Öl eingelegte getrocknete Tomaten aus dem Glas, aber du kannst auch nicht eingelegte getrocknete Tomaten verwenden.

DINKEL-MISCHBROT
schmeckt am 2. Tag fast noch besser

DINKEL-MISCHBROT

Ein sehr leckeres Brot, das am zweiten Tag fast noch besser schmeckt als am ersten ...

WAS DU BRAUCHST:

- 250 g Dinkelmehl Typ 1050
- 250 Roggenmehl Typ 997
- 100 g Weizenmehl Typ 1050
- 21 g (½ Würfel) frische Hefe o. 1 Beutel Trockenhefe
- 2 TL Salz
- ca. 310 ml lauwarmes Wasser

LOS GEHTS – DIE ZUBEREITUNG:

1. In einer großen Schüssel die drei Mehlsorten und Salz gut miteinander vermischen. Die frische Hefe in das Gefäß mit dem lauwarmen Wasser geben und darin auflösen.

2. Das Hefewasser und das Mehl in der großen Schüssel gut vermischen und auf einer bemehlten Arbeitsfläche 5-6 Minuten lang kneten und falten, alternativ von deiner Küchenmaschine kneten lassen.

3. Den Teig zu einer runden Kugel formen und dann abgedeckt in der Schüssel bei Zimmertemperatur ca. 60 Minuten gehen lassen.

4. Nun den Teig mit einem Teigschaber aus der Schüssel nehmen und nach kurzem, leichtem Kneten zu einem Laib Brot formen. Auf das mit Backpapier oder Backmatte belegte Backblech legen, nach Wunsch einschneiden, abdecken und nochmals 30 Minuten ruhen lassen.

In dieser Zeit den Backofen auf 230 Grad vorheizen. Dabei eine feuerfeste Auflaufform mit ca. ½ Liter Wasser auf den Boden des Ofens stellen.

5. Nach dem Aufheizen das Brot auf mittlerer Schiene ca. 10 Minuten backen, dann die Tür kurz öffnen, um etwas Dampf abzulassen. Die Temperatur auf ca. 190 Grad reduzieren und in ca. 40 Minuten fertig backen, dabei zum Ende hin den Gartest machen: Hört sich das Brot beim Klopfen auf die Unterseite schon hohl an?

HEFEZOPF
aus Omas Backstube

Das Backen eines Hefezopfes macht echt Spaß, vor allem mit Kindern – bei mehreren Teilnehmern einfach die Menge verdoppeln, dann kann jedes Kind seinen eigenen kleinen Hefezopf zubereiten.

WAS DU BRAUCHST:

- 400 g Weizenmehl Typ 550
- 250 ml warme Milch
- 70 g Zucker
- ½ TL Salz
- 21 g (½ Würfel) frische Hefe
- 1 Ei
- 50 g Butter
- Puderzucker oder Hagelzucker zum Bestreuen

LOS GEHTS – DIE ZUBEREITUNG:

1. Zuerst erwärmst du die Milch (nur lauwarm, auf keinen Fall zu stark erhitzen). In einer Schüssel mit dem Mehl formst du in der Mitte eine kleine Mulde und bröselst die Hefe dort hinein. Nun gibst du etwa 4–5 Esslöffel der warmen Milch und einen Teil des Zuckers in die Mulde und vermengst Milch und Hefe ein wenig. Die Schüssel dann bei Zimmertemperatur (möglichst warmer Ort) ca. 20 Minuten zugedeckt stehen lassen.

2. Das Ei zusammen mit der restlichen Milch, dem Salz, dem Zucker und dem Mehl in der Schüssel vermischen und mit den Knethaken der Küchenmaschine in ca. 8–10 Minuten zu einem glatten Teig verrühren. Dabei anfangs ca. 3 Minuten bei niedriger Geschwindigkeit kneten und dann auf eine höhere Geschwindigkeit schalten. Die Butter (Zimmertemperatur) während des Knetens in kleinen Stückchen dazugeben und so nach und nach unter den Teig mengen. Anschließend die Schüssel mit einem angefeuchteten Bäckerleinen oder Geschirrtuch abdecken und an einem warmen Ort ca. 1 Stunde gehen lassen.

3. Nun den Teig auf einer bemehlten Arbeitsfläche mit den Händen gut durchkneten, in 3 etwa gleich große Stücke teilen und zugedeckt nochmals 10 Minuten ruhen lassen.

4. Die 3 Teigstücke jeweils in einer Länge von je 35–40 cm ausrollen und locker zu einem Zopf flechten. Den Zopf auf ein mit Backpapier ausgelegtes Backblech legen und zugedeckt weitere 45 Minuten gehen lassen.

Währenddessen den Backofen auf 200 Grad vorheizen.

5. Um außen eine schöne Farbe zu bekommen, kannst du etwas Milch mit einem Eigelb verquirlen und damit den Hefezopf bestreichen. Im vorgeheizten Backofen nun auf der zweiten Schiene von unten je nach Größe ca. 20–25 Minuten backen. Falls die Oberfläche zu schnell dunkel wird, den Zopf eventuell während der letzten Minuten mit etwas Alufolie abdecken.

6. Jetzt nur noch abkühlen lassen, mit Puderzucker bestäuben und dann mit Butter oder Marmelade genießen. Falls du deinen Hefezopf anstatt mit Puderzucker lieber mit sog. groben Hagelzucker magst, solltest du diesen kurz vor dem Backen im Ofen auf den Zopf streuen.

HEFE-ROSINENZOPF
aus Omas Backstube

WAS DU BRAUCHST:

- 500 g Weizenmehl Typ 550
- 250 ml warme Milch
- 100 g Zucker
- 42 g (1 Würfel) frische Hefe
- 150 g Rosinen
- 2 Eier
- 80 g Butter
- Puderzucker oder Hagelzucker zum Bestreuen

LOS GEHTS – DIE ZUBEREITUNG:

1. Die Milch erwärmen (lauwarm) und die Hefe in der warmen Milch auflösen. Das Mehl in eine ausreichend große Schüssel geben, in der Mitte eine Mulde formen und die Hefemilch hineingießen. Nun alle Zutaten (Eier, Zucker, Mehl und Milch) in der Schüssel vermischen und mit den Knethaken der Küchenmaschine in ca. 8–10 Minuten zu einem glatten Teig verrühren. Dabei anfangs ca. 3 Minuten bei niedriger Geschwindigkeit kneten und dann auf eine höhere Geschwindigkeit schalten. Die Butter (Zimmertemperatur) zum Schluss noch während des Knetens in kleinen Stückchen dazugeben und so nach und nach unter den Teig mengen. Dann die Rosinen vorsichtig unter den Teig heben und dabei gut verteilen.

2. Anschließend die Schüssel mit einem angefeuchteten Bäckerleinen oder Geschirrtuch abdecken und an einem warmen Ort ca. 1 Stunde gehen lassen.

3. Nun den Teig auf einer bemehlten Arbeitsfläche mit den Händen nochmals durchkneten, in 3 etwa gleich große Stücke teilen. Die 3 Teigstücke jeweils in einer Länge von je 35-40 cm ausrollen und locker zu einem Zopf flechten. Den Zopf auf ein mit Backpapier ausgelegtes Backblech legen und zugedeckt weitere 30 Minuten gehen lassen. Währenddessen den Backofen auf 200 Grad vorheizen.

4. Für eine schöne Außenfärbung etwas Milch mit einem Eigelb verquirlen und damit den Hefezopf bestreichen. Im vorgeheizten Backofen nun auf der zweiten Schiene von unten ca. 25–35 Minuten backen. Falls die Oberfläche zu schnell dunkel wird, den Zopf eventuell während der letzten Minuten mit etwas Alufolie abdecken.

FLAMMKUCHEN
Elsässer Art

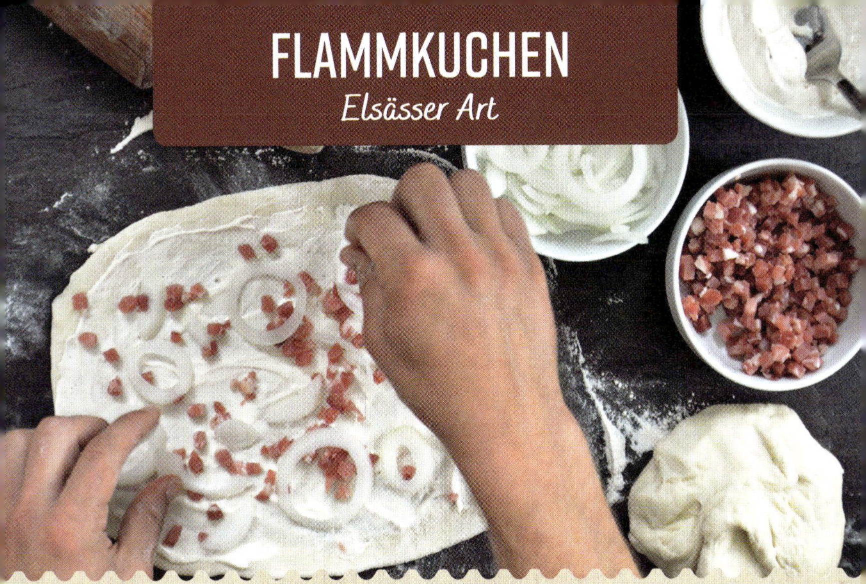

FLAMMKUCHEN
Elsässer Art

Zwar kein „richtiges" Brot – aber es darf in meinem Buch einfach nicht fehlen: das Rezept für Flammkuchen.

Natürlich kannst du fertigen Flammkuchenteig zum Selberbelegen auch im Lebensmittelgeschäft kaufen – aber dieser Teig ist einfacher und schneller herzustellen, als du vielleicht denkst...

WAS DU BRAUCHST (FÜR 3–4 PERSONEN):

- 400 g Weizenmehl Typ 550
- 180 ml lauwarmes Wasser
- 4 EL Olivenöl
- 2 Eigelb
- ½ TL Salz

LOS GEHTS – DIE ZUBEREITUNG:

1. Den Backofen und das Backblech vorheizen (E-Herd: 230–240 Grad / Umluft 225 Grad). Das Mehl, das Eigelb, das Öl und das Salz mit dem lauwarmen Wasser vermischen und mit den Knethaken deines Küchengerätes oder mit den Händen zu einem glatten Teig verkneten.

2. Den Teig formst du nun zu einer Kugel, bestreichst diese leicht mit Olivenöl, wickelst sie in Folie ein und lässt sie ca. 20 Minuten ruhen.

3. Dann nimmst du den Teig aus der Folie und zerteilst ihn in 3 oder 4 gleich große Stücke. Das einzelne Teigstück rollst du auf einer bemehlten Arbeitsfläche zu einem möglichst dünnen Fladen aus. Diese Teigplatte legst du auf Backpapier, bestreichst die Oberfläche mit Crème fraîche oder einer Schmand-Creme und belegst sie nach deinen Wünschen.

4. Nun ziehst du den belegten Flammkuchen mit dem Backpapier auf das heiße Backblech und backst ihn im vorgeheizten Ofen auf unterster Schiene in ca. 10–12 Minuten fertig.

Mit den anderen Teigstücken gehst du ebenso vor.

VORSCHLÄGE FÜR DEN BELAG

(bitte den Boden immer großzügig mit Crème fraîche oder mit Schmand-Creme bestreichen)

Elsässer Art: mit Zwiebelringen oder Zwiebelstücken und rohen Schinkenwürfeln belegen.

Für Leckerschmecker: mit geräuchertem Lachs belegen und frisch gehackten Dill darüber streuen.

Für Gemüse-Fans: gedünsteten Lauch, Champignons, Zucchini oder Paprika ausprobieren.

Als süßen Abschluss: den Flammkuchen großzügig mit dünnen Apfelscheiben belegen, mit etwas braunem Zucker und Zimt bestreuen und für Erwachsene gerne noch ein wenig Calvados oder Cointreau darüberträufeln ...

Meine Tipps:

→Die Teigrohlinge für deine Flammkuchen kannst du gerne einige Stunden vorher zubereiten, aber du solltest sie dann frühzeitig aus dem Kühlschrank nehmen. Flammkuchenteig lässt sich am besten bei Zimmertemperatur ausrollen.

→Anstatt auf der Arbeitsplatte kannst du den Teig auch direkt auf dem Backpapier ausrollen.

→Das lauwarme Wasser solltest du beim Verkneten nach und nach zugießen, bis ein elastischer Teig entstanden ist. Der Teig darf nicht zu feucht sein, da er sonst beim Backen nicht knusprig wird.

KARTOFFELBROT

Eines meiner Lieblingsbrote, bei dem ich die Mehlsorten (Dinkel-, Roggen-, Weizenmehl) und deren anteilige Einzelmengen auch gerne mal variiere. Hier ist mein Grundrezept.

WAS DU BRAUCHST:

- 300 g Dinkelvollkornmehl
- 200 g Dinkelmehl Typ 1050
- 500 g Weizenmehl Typ 550
- 500 g mehligkochende Kartoffeln
- 4 TL Salz
- 42 g (1 Würfel) frische Hefe
- 150 g Naturjoghurt
- ca. 300 ml lauwarmes Wasser

- Wenn du magst:
1–2 TL Brotgewürz

LOS GEHTS – DIE ZUBEREITUNG:

1. Als Erstes kochst du die Kartoffeln in der Schale gar, gerne etwas weicher als normale Pellkartoffeln. Dann die Kartoffeln abpellen und in einer Kartoffelpresse oder mit einer Gabel gut zerdrücken. Diesen Kartoffelbrei abkühlen lassen – er sollte nur noch lauwarm sein.

2. Die Hefe in das Gefäß mit dem lauwarmen Wasser bröseln und gut mit einer Gabel verrühren.

In einer ausreichend großen Schüssel die drei Mehlsorten, das Salz (und ggf. das Brotgewürz) vermischen. Nun die zerdrückten Kartoffeln und das lauwarme Wasser mit der Hefe sowie den Naturjoghurt dazugeben und alle Zutaten zu einem glatten Teig verkneten. Diesen Teig in der Schüssel mit einem Bäckerleinen oder Küchenhandtuch abgedeckt ca. 30 Minuten bei Zimmertemperatur gehen lassen.

3. Anschließend den Teig erneut durchkneten, zu einem Brotlaib formen und auf ein mit Backpapier oder Backmatte belegtes Backblech legen. Das Blech abdecken und nochmals für ca. 30 Minuten ruhen lassen.

In der Zwischenzeit den Backofen auf 230–240 Grad vorheizen.

4. Eine hitzefeste Auflaufform mit Wasser auf den Boden des Ofens stellen und das Blech mit dem Kartoffelbrot auf zweiter Schiene von unten in den vorgeheizten Backofen geben. Nach ca. 10 Minuten kurz die Tür öffnen, um etwas Wasserdampf abzulassen und dann bei etwas reduzierter Temperatur von 220 Grad das Brot in weiteren 30–40 Minuten fertig backen (Garprobe durch Klopfen auf die Unterseite des Brotes machen).

KARTOFFELBRÖTCHEN

WAS DU BRAUCHST:

- 300 g Kartoffeln
- 150 g Roggenvollkornmehl
- 150 g Weizenmehl Typ 550
- 80 ml Wasser
- 2 EL Olivenöl
- 1 ½ TL Salz
- 21 g (½ Würfel) frische Hefe o. 1 Beutel Trockenhefe

LOS GEHTS – DIE ZUBEREITUNG:

1. Die Kartoffeln in der Schale gar kochen, anschließend abpellen und sie dann in einer Kartoffelpresse oder mit einer Gabel gut zerdrücken. Diesen Kartoffelbrei abkühlen lassen, er darf nur noch lauwarm sein.

2. Die Hefe in das Gefäß mit dem lauwarmen Wasser bröseln und verrühren. In einer Schüssel die beiden Mehlsorten, das Wasser sowie die anderen Zutaten vermischen und zu einem glatten Teig verkneten. Diesen Teig in der Schüssel mit einem Bäckerleinen oder Küchenhandtuch abgedeckt ca. 30 Minuten bei Zimmertemperatur gehen lassen.

3. Anschließend den Teig erneut durchkneten, mit einem Teigschaber entsprechend große Brötchenteiglinge davon abstechen und diese zu Brötchen formen. Diese legst du dann auf ein mit Backpapier belegtes Backblech, deckst es ab und lässt es für weitere 30 Minuten ruhen.

In der Zwischenzeit den Backofen auf 230–240 Grad vorheizen.

4. Zur Dampferzeugung eine Auflaufform mit Wasser unten in den Ofen stellen und die Brötchen auf mittlerer Schiene ca. 10 Minuten bei voller Hitze backen lassen. Nun den Backofen auf ca. 190 Grad reduzieren und die Brötchen in weiteren ca. 10 Minuten fertig backen.

KÖRNERBRÖTCHEN

WAS DU BRAUCHST:

- 500 g Weizenmehl Typ 550
- 21 g (½ Würfel) frische Hefe
- ca. 200 ml lauwarmes Wasser
- ½ TL Zucker
- 1 TL Salz
- Alternativ zum Weizenmehl kannst du auch sehr gut Roggenmehl Typ 997 verwenden!
- 2 EL Milch

Zum Bestreuen (ganz nach deinem Geschmack):
- 2 EL Kürbiskerne,
- 2 EL Pinienkerne,
- 2 EL Mohn,
- 2 EL Sonnenblumenkerne usw.

LOS GEHTS – DIE ZUBEREITUNG:

1. Die Hefe in einem Gefäß mit dem lauwarmen Wasser auflösen. Das Mehl in einer Schüssel mit dem Salz und dem Zucker vermischen und das Hefewasser dazugeben. Alles ca. 6–8 Minuten lang gut durchkneten und dann in der Schüssel zugedeckt bei Raumtemperatur ca. 1 Stunde gehen lassen.

2. Der Teig sollte nun fast doppelte Größe erreicht haben. Jetzt den Teig auf einer bemehlten Arbeitsfläche gut durchkneten, nochmals 20 Minuten ruhen lassen und danach zu einer Rolle formen. In der Zwischenzeit heizt du den Backofen auf 210 Grad auf.

3. Die Teigrolle zerschneidest du dann in ca. 15 gleich große Stücke, formst diese zu Brötchen und legst sie auf ein mit Backpapier ausgelegtes Backblech.

4. Jetzt brauchst du nur noch die Brötchen mit der Milch zu bestreichen und kannst sie ganz nach deinem Geschmack mit den verschiedenen Kernen bestreuen. Das Backblech kommt in die mittlere Schiene des Ofens, wo die Brötchen in ca. 15–20 Minuten fertig backen, bis sie eine schöne goldbraune Farbe haben.

KRUSTENBROT

WAS DU BRAUCHST:

- 500 g Weizen-Vollkornmehl
- 500 g Roggen-Vollkornmehl
- 42 g (1 Würfel) frische Hefe o. 2 Beutel Trockenhefe
- 150 g Natur-Sauerteig (eigener Sauerteig o. 2 Tüten à 75 g)
- 550 ml lauwarmes Wasser
- 3 TL Salz
- 1 TL Honig

LOS GEHTS – DIE ZUBEREITUNG:

1. Die beiden Mehlsorten und das Salz in einer ausreichend großen Schüssel mischen, eine Mulde in die Mitte drücken und ca. 200 ml lauwarmes Wasser in die Mulde gießen. In die Mulde nun den Honig und die gebröselte Hefe geben und mit einer Gabel etwas Mehl vom Rand einrühren. Diesen Vorteig mit einem Bäckerleinen oder Handtuch abdecken und 15 Minuten bei Zimmertemperatur gerne in der Nähe eines Heizkörpers ruhen lassen.

2. Nun gibst du weitere ca. 350 ml lauwarmes Wasser sowie den Sauerteig hinzu und verknetest die Zutaten zu einem glatten Teig. Geduld ist alles: bitte möglichst 10 Minuten gut durchkneten und je nach Konsistenz bei Bedarf noch etwas Mehl oder Wasser hinzufügen. Jetzt kannst du dich erst einmal entspannen und deinen Teig in der Schüssel für 1 Stunde abgedeckt gehen lassen.

3. Wie bei vielen anderen Brotsorten knetest du den Teig anschließend nochmals durch, formst einen Brotlaib und gibst ihn auf ein mit Backpapier oder Backmatte belegtes Blech. Den Brotlaib wieder mit einem Tuch abdecken und nochmals 30 Minuten ruhen lassen. Für eine bessere Rissbildung bestreiche ich den Laib vorher noch leicht mit Wasser und stäube etwas Mehl darüber.

4. In der Zwischenzeit heizt du deinen Backofen auf 230 Grad (Umluft 200 Grad) vor. Auch hier ist, wie bei vielen Rezepten, Wasserdampf sehr wichtig, also bitte eine hitzefeste Auflaufform mit Wasser auf den Boden des Backofens stellen.

Wenn der Backofen entsprechend vorgeheizt ist, gibst du das Blech mit dem Brot auf die mittlere Schiene und backst es 15 Minuten auf dieser Temperatur. Dann bitte die Temperatur auf 200 Grad (Umluft: 180 Grad) senken und das Brot in 50 Minuten fertig backen. Hier unbedingt zum Ende der Zeit hin die sog. Garprobe machen: Das Brot vorsichtig mit einem Topfhandschuh herausnehmen und durch Klopfen auf der Unterseite testen, ob es sich bereits hohl anhört und somit fertig ist (ggf. in 5-Minuten-Abständen wiederholen).

LAUGEN-BREZELN

Laugen-Brezeln selber zu backen, macht tatsächlich viel Arbeit und kostet Zeit. Aber wenn du es einmal versucht hast, machst du es immer wieder: du willst einfach die perfekte Brezel schaffen ...

WAS DU BRAUCHST (FÜR CA. 8 BREZELN):

- 500 g Weizenmehl Typ 550
- 42 g (1 Würfel) frische Hefe
- 150 ml lauwarme Milch
- 150 ml lauwarmes Wasser
- 60 g Butter
- 1 TL Zucker
- 1 ½ TL Salz
- grobes Salz zum Bestreuen
- 3 EL Speisenatron

Die Lauge benötigst du, da erst durch sie die Brezeln diesen besonderen Geschmack und die schöne goldbraune Farbe bekommen. Dafür brauchst du:
3 EL Speisenatron (aus dem Lebensmittelgeschäft) und einen flachen Topf mit ca. 1,5 l Wasser.

LOS GEHTS – DIE ZUBEREITUNG:

1. Zuerst setzt du einen Vorteig an. Dafür zerbröselst du den Hefewürfel und vermischt ihn in einer Schüssel mithilfe einer Gabel zusammen mit 5 EL der lauwarmen Milch, 1 TL Zucker und 4 EL des Weizenmehls. Die Schüssel deckst du mit einem Tuch ab und lässt diese Mischung bei Zimmertemperatur ca. 30 Minuten ruhen.

2. Lass die Butter in einem kleinen Gefäß auf dem Herd oder in der Mikrowelle vorsichtig schmelzen und dann etwas abkühlen. Nun gibst du das restliche Weizenmehl und das Salz in eine große Schüssel, formst in der Mitte eine Mulde und gibst den zuvor zubereiteten Vorteig hinein. Nachdem du nach und nach die 150 ml Wasser, die restliche Milch und die geschmolzene Butter zugemischt hast, knetest du den Teig mit den Händen oder der Küchenmaschine, bis ein glatter, geschmeidiger Hefeteig entsteht. Decke den Teig in der Schüssel mit einem Tuch ab und lasse ihn 30 Minuten an einem warmen Ort gehen. In dieser Zeit wird sich der Teig in etwa verdoppeln.

3. Dann kann es losgehen: du nimmst den Teig aus der Schüssel, knetest ihn nochmals durch und formst ganz nach Geschmack und in der von dir gewünschten Größe daraus Brezeln, Brötchen oder kleine Stangen. Für klassische Brezeln formst du zuerst eine Rolle, diese teilst du wiederum in 10 gleich große Stücke. Brezeln bekommst

du, indem du 30–35 cm lange Rollen formst, die an den Außenenden dünner und in der Mitte etwas dicker sind. Dann greifst du die Enden der Rolle, schlägst sie übereinander und drückst sie an dem „Bauch" (die dickste Stelle der Brezel) vorsichtig fest.

4. Deine fertig geformten Laugengebäck-Stücke legst du mit etwas Abstand auf ein mit Backpapier oder Backmatte bedecktes Backblech und lässt den Teig noch einmal 15 Minuten ruhen. In dieser Zeit kannst du Deinen Backofen auf 220 Grad Ober-/Unterhitze vorheizen.

5. Jetzt fehlt nur noch die Lauge: Erhitze in einem flachen Topf ca. 1,5 l Wasser, bis es kocht, und gib dann 3 EL Natron dazu. Nun tauchst du nacheinander jedes Laugengebäck einzeln mit einem Schaumlöffel oder Pfannenheber für ca. 20 Sekunden in die kochende Lauge, hebst es wieder heraus, lässt es kurz abtropfen und legst es dann zurück auf das Backblech.

6. Wenn alle Stücke gelaugt sind, bestreust du sie nach Belieben mit dem groben Salz und backst die Brezeln in ca. 15–20 Minuten auf mittlerer Schiene im Backofen.

Mein Tipp:

Deine frischen Brezeln solltest du unbedingt mit selbst angerichtetem Obazda genießen.

Das Rezept für diesen leckeren Brotaufstrich findest du im hinteren Teil dieses Buches.

„MACH DEIN DING" –
dein persönliches Kreativbrot

„MACH DEIN DING" –
dein persönliches Kreativbrot

Ich wette mit dir: Wenn du Spaß am Brotbacken gefunden hast, willst du irgendwann auch dein eigenes Lieblingsbrot kreieren. Keine Angst, du kannst dabei nichts falsch machen. Nimm die Brot-Rezepte, die dir gut gelungen sind und fang an, diese etwas zu variieren – andere Mehlsorten, Gewürze, etwas mehr oder weniger Sauerteig, längere Geh-Zeiten usw.

Auf dem Foto siehst du übrigens mein buntes Mischbrot aus Weizen-, Roggen- und Dinkelmehl (lauter Tütenreste), etwas Sauerteig und ein wenig frische Hefe. Das Brot habe ich lange gehen lassen und dann nach dem Formen noch ein wenig verdreht und kreuz und quer eingeschnitten. Das Ergebnis sah nicht nur kreativ aus – es hatte auch eine schöne Kruste und schmeckte sehr gut.

Wichtig ist es, die ungefähren Mengenverhältnisse, die du auch aus den Rezepten kennst, einzuhalten:

- 500 g Mehl nach Belieben
- ½ bis 1 Würfel frische Hefe
- oder 75 bis 150 g Sauerteig
- 1 bis 2 TL Salz
- ca. 300 ml Wasser

und etwas Gefühl beim Teigkneten, um die richtige Konsistenz zu fühlen …

Viel Spaß beim kreativen Brotbacken!

MAISBROT
viva la mexico

WAS DU BRAUCHST:

- 200 g Maismehl
- 300 g Weizenmehl Typ 550
- 21 g (½ Würfel) frische Hefe
- 150 g Joghurt
- 1 ½ TL Salz
- 1 ½ TL Zucker
- 1 Ei
- 250 ml lauwarmes Wasser

MAISBROT

LOS GEHTS – DIE ZUBEREITUNG:

1. Zuerst füllst du das Weizenmehl in eine Schüssel und drückst in die Mitte eine kleine Mulde, in die du den Zucker und die zerbröselte Hefe hineingibst. Dann etwas von dem lauwarmen Wasser darübergießen und ca. 15 Min. ruhen lassen.

2. Jetzt den Joghurt, das Maismehl, Salz und das verquirlte Ei in die Schüssel hinzugeben, mit einem Küchengerät oder den Händen ca. 5–6 Minuten lang verkneten. Die Schüssel dann zugedeckt mit einem Tuch bei Zimmertemperatur (möglichst warmer Platz) 60 Min. gehen lassen.

3. Den Teig anschließend aus der Schüssel nehmen, nochmals einige Minuten intensiv durchkneten und in eine eingefettete Kastenform geben. In dieser muss der Teig abgedeckt 30 Min. ruhen. In der Zwischenzeit kannst du den Backofen auf 200 Grad (Umluft: 180 Grad) vorheizen.

4. Bevor du nun die Form auf mittlerer Schiene für ca. 25 Minuten in den vorgeheizten Backofen gibst, solltest du den Teig oben noch mit etwas Wasser bepinseln und ein wenig Mehl bestreuen.

MAZZE / MATZE
Brotrezept aus dem alten Israel

MAZZE / MATZE
Brotrezept aus dem alten Israel

Ein wichtiger Bestandteil des jüdischen Festes Pessach ist das sog. Matzenbrot, ein ungesäuertes Fladenbrot.

WAS DU BRAUCHST:

- 500 g Weizen-Vollkornmehl
- ½ bis 1 TL Salz (nach Belieben)
- 200 ml lauwarmes Wasser

Alternativ zum Weizenvollkornmehl kannst du Dinkel-vollkornmehl verwenden. Für koscheres Matzenbrot ist im (Online-)Handel auch spezielles Matzen-Mehl erhältlich.

Wichtig – Im Gegensatz zu anderen Brotrezepten wird das Matzenbrot zügig und ohne Ruhe- oder Gehzeiten vorbereitet und sofort gebacken. Der Teig sollte traditionell auf keinen Fall anfangen zu gären.

LOS GEHTS – DIE ZUBEREITUNG:

1. Zuerst gibst du das Mehl in eine Schüssel und vermengst es mit dem Salz. Dann gießt du 200 ml lauwarmes Wasser hinein und verrührst alles sorgfältig mit einem Holz-Kochlöffel. Anschließend knetest du den Teig einige Minuten leicht durch.

2. Nun formst du aus dem Teig 15 bis 20 kleine Kugeln und rollst diese mit einem Nudelholz zu flachen, runden Teiglingen aus. Diese Fladen legst du auf ein mit Backpapier oder Backmatte belegtes Backblech und stichst es mit einer Gabel mehrfach ein.

3. Der Backofen wird währenddessen auf 180 Grad (Umluft 160 Grad) vorgeheizt. Das Matzenbrot backst du auf mittlerer Schiene in etwa 10–12 Minuten fertig, bis es leicht gebräunt ist.

Gerne wird frisches Matzenbrot zum Essen noch mit einem guten Olivenöl bestrichen.

PITA
das lecker-leichte Fladenbrot

Pita Brot schmeckt immer, ist schnell zubereitet und in Griechenland, der Türkei (dort heißt es Pide) und den Ländern des ehemaligen Jugoslawiens weit verbreitet. Das etwas dicke, angenehm weiche Fladenbrot aus Hefeteig wird in diesen Ländern mehrmals täglich frisch gebacken und ist eine beliebte Beilage zu fast allen Mahlzeiten.

WAS DU BRAUCHST:

- 500 g Weizenmehl Typ 550
- 42 g (1 Würfel) frische Hefe
- 200 ml lauwarmes Wasser
- 130 ml lauwarme Milch
- 1 ½ TL Zucker
- 1 ½ TL Salz
- 3 EL Olivenöl zum Bestreichen

LOS GEHTS – DIE ZUBEREITUNG:

1. Das Mehl in einer Schüssel mit dem Zucker vermengen und die Hefe hineinbröseln. Die lauwarme Milch und das Wasser vermischen und in die Schüssel zu dem Mehl geben. Alles gut mit einem Holzlöffel verrühren und zu einem Vorteig kneten. Diesen Vorteig mit einem Tuch abdecken und 20 Minuten ruhen lassen.

2. Jetzt das Salz und den Zucker zum Vorteig geben und mit der Küchenmaschine oder den Händen den Teig ca. 10 Minuten lang kneten, bis er glatt und geschmeidig ist. Aus dem fertigen Teig fertigst du dann mittelgroße Fladen, indem du mit den Händen kleine Kugeln formst und diese möglichst flach drückst. Die Fladen legst du auf ein Backblech und lässt sie nochmals 30–40 Min. bei Zimmertemperatur gehen. In der Zwischenzeit heizt du den Backofen auf 175 Grad auf.

3. Jetzt brauchst du nur noch die dünnen Fladen auf beiden Zeiten mit dem Olivenöl zu bestreichen und dann für ca. 5 Minuten im vorgeheizten Ofen auf mittlerer Schiene zu backen. Nach ca. 3 Minuten kannst du die Pita während der Backzeit einmal wenden.

ROGGEN-WEIZEN-MISCHBROT

WAS DU BRAUCHST:

- 100 g Roggenmehl Typ 997
- 200 g Weizenmehl Typ 550
- 150 g Weizenmehl Typ 1050
- 300 ml lauwarmes Wasser
- 150 g Sauerteig aus Roggenmehl
- 1 ½ TL Salz

LOS GEHTS – DIE ZUBEREITUNG:

1. Du vermischst das Salz mit dem Mehl in einer ausreichend großen Schüssel, fügst dann alle Zutaten bei und vermengst diese mit einem Holzkochlöffel. Dann verknetest du die Zutaten in einer Küchenmaschine mit Knetfunktion oder mit den Händen zu einem gleichmäßigen, glatten Teig.

2. Den Teig lässt du nun abgedeckt mit einem feuchten Tuch in der Schüssel ca. 1,5 Stunden bei Raumtemperatur gehen. Dabei nimmst du ihn alle 30 Minuten heraus, dehnst und faltest ihn.

3. Jetzt den Teig aus der Schüssel nehmen, mit dem Teigschaber in zwei Stücke teilen, diese zu ovalen Broten formen und in zwei Backformen legen.
(Bei Verwendung einer größeren Backform brauchst du den Teig natürlich nicht in zwei Stücke zu zerteilen).

4. Die Brote nochmals für 60 Minuten bei Zimmertemperatur ruhen lassen. Nach 30 Minuten kannst du den Backofen auf 230 Grad Ober-/Unterhitze vorheizen. Es sollte eine Auflaufform mit Wasser auf den Boden des Ofens gestellt werden, um Wasserdampf zu erzeugen.

Teig nach dem Ruhen in der Form

5. Nun backst du das Brot in ca. 50 Minuten fertig, dabei die Temperatur nach 10 Minuten auf 180 Grad reduzieren. Sobald das Brot den gewünschten Bräunungsgrad erreicht hat, nimm es vorsichtig aus den Backformen heraus und mach den Gartest, indem du durch Klopfen auf die Rückseite prüfst, ob es sich schon hohl anhört.

ROSINENBRÖTCHEN
für große und kleine Kinder...

ROSINENBRÖTCHEN
für große und kleine Kinder ...

WAS DU BRAUCHST:

- 500 g Weizenmehl Typ 550
- 250 ml Milch
- 21 g (½ Würfel) frische Hefe
- 80 g Butter
- 5 TL Zucker
- 1 Ei
- ½ TL Salz
- 1 Päckchen Vanillezucker
- 125 g Rosinen

LOS GEHTS – DIE ZUBEREITUNG:

I. Zuerst die Butter und die Milch in einem kleinen Topf erhitzen, bis die Butter in der Milch geschmolzen ist – die Milch darf nicht kochen. Dann den Topf vom Herd nehmen, etwas abkühlen lassen und die Hefe hineinbröseln. In einer Schüssel vermischst du das Mehl mit dem Zucker sowie dem Vanillezucker und gibst das Ei, Salz, die Rosinen und die Butter-Milch-Mischung dazu. Alle Zutaten verknetest du mit dem Knethaken deiner Küchenmaschine oder mit den Händen ca. 5 Minuten zu einem glatten Teig.

2. Diesen Teig lässt du in einer zugedeckten Schüssel bei Zimmertemperatur 60 Minuten gehen. Der Hefeteig sollte sich in dieser Zeit fast verdoppeln, sonst noch etwas länger ruhen lassen.

3. Den Teig knetest du auf einer bemehlten Arbeitsfläche noch einmal durch und formst ihn zu einer Rolle, die du in ca. 10 Stücke zerteilst. Diese Teigstücke formst du zu Brötchen und setzt sie auf ein mit Backpapier belegtes Backblech. Während du die Brötchen nochmals abgedeckt 15 Minuten gehen lässt, heizt du den Backofen auf 200 Grad Ober-/Unterhitze (Umluft 180 Grad) vor. Dann werden die Brötchenrohlinge mit Milch bestrichen und du kannst sie auf mittlerer Schiene in ca. 12 Minuten goldbraun fertig backen.

Einen besonders schönen Glanz erhalten die Rosinenbrötchen, wenn du sie direkt nach dem Backen noch ein weiteres Mal mit Milch einstreichst.

RUSTIKALES ROGGENBROT MIT HEFE

WAS DU BRAUCHST:

- 650 g Roggenmehl Typ 997
- 50 g Weizenmehl Typ 550
- 21 g (½ Würfel) frische Hefe o. 1 Beutel Trockenhefe
- 2 TL Salz
- 450 ml lauwarmes Wasser
- 1 bis 2 TL Brotgewürz

III

LOS GEHTS – DIE ZUBEREITUNG:

1. Die Hefe im lauwarmen Wasser auflösen und mit allen anderen Zutaten in einer großen Schüssel vermischen. Diese Mischung nun 5-6 Minuten lang zu einem gleichmäßigen Teig verkneten. Den Teig zu einer Kugel formen, in die Schüssel geben und die Oberfläche mit etwas Pflanzenöl bestreichen, um die Hautbildung zu verhindern. Die Schüssel mit einem Bäckerleinen oder Küchentuch abdecken und 2 Stunden bei Zimmertemperatur gehen lassen.

2. Das Volumen des Teiges hat sich nach der Gehzeit etwa verdoppelt und der Teig wird nochmals kurz durchgeknetet, bevor du ihn zu einem Brotlaib formst. Nun legst du ihn entweder auf ein Blech mit Backpapier oder in eine entsprechende Brotbackform.

Während der Teig weitere 30 Minuten ruht, stellst du eine Auflaufform mit Wasser auf den Boden des Backofens und heizt den Ofen auf etwa 200 Grad Ober-/Unterhitze vor.

3. Jetzt backst du das Brot auf mittlerer Schiene in ca. 50–60 Minuten fertig, wobei der Wasserdampf für eine schöne Kruste sorgt. Nach 10 Minuten senkst du die Ofentemperatur auf 180 Grad herunter und öffnest kurz die Ofentür, um den Dampf abzulassen. Während der restlichen Backzeit den Ofen bitte nicht mehr öffnen.

Den Brotlaib nach dem Backen auf einem Gitter auskühlen lassen, damit sich die Kruste festigen kann.

SCHÜTTELBROT
alte Tradition aus Südtirol

WAS DU BRAUCHST – FÜR DEN VORTEIG:

- 250 g Roggenmehl Typ 997
- 250 ml lauwarmes Wasser
- 21 g (½ Würfel) frische Hefe

WAS DU BRAUCHST – FÜR DEN HAUPTTEIG:

Den Vorteig sowie
- 500 g Roggenmehl Typ 997
- 250 g Weizenmehl Typ 550
- 850 ml lauwarmes Wasser
- 21 g (½ Würfel) frische Hefe
- 5 TL Salz
- 1 TL Kümmel
- 1 TL Fenchel

113

LOS GEHTS – DIE ZUBEREITUNG:

1. Vorteig: Die Hefe im lauwarmen Wasser auflösen und in einer Schüssel zusammen mit dem Roggenmehl zu einem Teig verrühren. Die Schüssel abgedeckt 60 Minuten an einem warmen Ort ruhen lassen.

2. Den Vorteig nach dem Ruhen in einer großen Schüssel mit allen restlichen Zutaten des Hauptteiges vermengen und zu einem geschmeidigen Teig verkneten. Dieser Teig muss nochmals für ca. 20 Minuten zugedeckt gehen.

Anschließend zerschneidest du den Teig in ca. 10 Stücke und legst diese auf eine mit Mehl bestreute Arbeitsfläche. Hier ruhen die Teigstücke nochmals für 20 Minuten.

3. Jetzt kommt der spannende Teil, der dem Schüttelbrot seinen Namen gegeben hat: das Schütteln der Teigstücke. Dafür legst du ein Teigstück auf ein größeres, bemehltes Schneide- oder Pizzabrett (möglichst aus Holz) und schüttelst das Brett mit beiden Händen (hoch und runter), während du es gleichzeitig nach rechts und links im Kreis drehst. Durch das Schütteln wird das Teigstück nach und nach immer breiter und dünner.

4. Die fertigen, flachen Teigstücke kannst du nun nacheinander auf dem Backblech im vorgeheizten Backofen (220 Grad Ober-/Unterhitze) in ca. 20–30 Minuten fertig backen.

VOLLKORNBROT

WAS DU BRAUCHST:

- 500 g Dinkelvollkornmehl
- 150 g Kerne nach Belieben (Kürbiskerne, Leinsamen, Sonnenblumenkerne, Nüsse etc.)
- 42 g (1 Würfel) frische Hefe
- 400 ml lauwarmes Wasser
- 2 EL Apfelessig oder Balsamico-Essig
- 1 ½ TL Salz
- Haferflocken zum Bestreuen

LOS GEHTS – DIE ZUBEREITUNG:

1. Den Backofen auf 200 Grad (Umluft 180 Grad) vorheizen. Die Hefe in dem warmen Wasser auflösen und mit den restlichen Zutaten in einer Schüssel verrühren. Nun knetest du alles mit dem Knethaken deines Küchenmixers zu einem Teig. Im Gegensatz zu anderen Teigsorten soll dieser Teig leicht flüssig bleiben und hat keine Zeit zum Gehen bzw. Ruhen.

2. Den Teig füllst du in eine gut eingefettete Kastenform (30 cm) und bestreust ihn mit Haferflocken.

3. Das Brot kommt jetzt auf die mittlere Schiene in den vorgeheizten Backofen, wo es in ca. 45 Minuten fertig gebacken wird. Kurz vor Ende der Backzeit nimmst du den Brotlaib aus der Backform und testest durch Klopfen auf den Boden, ob das Brot schon fest genug ist.

WALNUSSBROT

WALNUSSBROT

WAS DU BRAUCHST:

- 500 g Dinkelmehl Typ 1050
- 42 g (1 Würfel) frische Hefe
- 200 g Walnüsse
- 400 ml lauwarmes Wasser
- 2 EL Apfelessig
- 2 TL Salz

LOS GEHTS – DIE ZUBEREITUNG:

1. Zuerst die Walnusskerne in grobe Stücke zerhacken und die Hefe im lauwarmen Wasser auflösen. In einer Schüssel das Mehl und das Salz vermischen und dann das Hefewasser, den Apfelessig und die zerhackten Walnüsse einrühren. Mit dem Knethaken deines Küchengerätes alle Zutaten gut durchkneten. Nun den Teig in der Schüssel abgedeckt für ca. 45 Minuten bei Zimmertemperatur gehen lassen.

2. In der Zwischenzeit heizt du deinen Backofen auf 225 Grad (Umluft 200 Grad) vor.

3. Jetzt formst du den Teig zu einem länglichen Brot (oder mehreren länglichen Broten) und backst das Brot auf dem mit Backpapier belegten Backblech für ca. 30–35 Minuten fertig. Anschließend lässt du das Brot auf einem Gitter gut auskühlen.

WEISSBROT
klassisch

Ein einfaches Weißbrot sollte eine schöne weiche Krume und eine leichte Kruste haben – ein Alltagsbrot, das gleichermaßen zu süßem wie herzhaftem Belag passt.

Dieses Rezept ist für Anfänger bestens geeignet – es schmeckt auch leicht angeröstet sehr gut!

WAS DU BRAUCHST (FÜR 3-4 PERSONEN):

- 700 g Weizenmehl Typ 550
- 42 g (1 Würfel) frische Hefe o. 2 Beutel Trockenhefe
- 450 ml lauwarmes Wasser
- 1 TL Zucker
- 2 TL Salz

LOS GEHTS – DIE ZUBEREITUNG:

1. Die Hefe und den Zucker in ein Gefäß mit 150 ml des lauwarmen Wassers geben und mit einer Gabel durchrühren, bis sich Zucker und Hefe aufgelöst haben.

2. Das komplette Mehl in eine Schüssel geben, in die Mitte eine Mulde drücken und dort das lauwarme Hefewasser einrühren. Mit etwas von dem Mehl in der Mulde verrühren und dann die Schüssel mit einem Bäckerleinen oder Küchentuch bedecken und bei Zimmertemperatur ca. 15 Minuten ruhen lassen.

3. Das Salz und das restliche Wasser (ca. 300 ml) in die Schüssel geben und den gesamten Teig so lange mit der Küchenmaschine oder den Händen kneten, bis er eine geschmeidige Konsistenz hat. Bei Bedarf noch etwas Wasser oder Mehl dazugeben. Nun den Teig in der Schüssel abgedeckt an einem warmen Ort 60 Minuten gehen lassen – in dieser Zeit sollte er sein Volumen etwa verdoppeln. Den Teig jetzt in eine gefettete Kastenform (oder mehrere) geben und darin nochmals eine Stunde ruhen lassen.

4. In der Zwischenzeit den Backofen auf 200 Grad Ober-/Unterhitze vorheizen. Das Brot noch mit etwas Milch bestreichen, damit es einen schönen Glanz bekommt, und dann auf der mittleren Schiene für ca. 40–50 Minuten fertig backen.

WEIZEN-SAUERTEIGBROT

WEIZEN-SAUERTEIGBROT

WAS DU BRAUCHST:

- 400 g Weizenmehl Typ 550
- 21 g (½ Würfel) frische Hefe
- 150 g Sauerteig (siehe Anleitung Sauerteig)
- 220 ml lauwarmes Wasser
- 2 TL Salz

LOS GEHTS – DIE ZUBEREITUNG:

1. Die Hefe im laufwarmen Wasser auflösen. Das Weizenmehl und alle anderen Zutaten in einer Schüssel mischen und dann ca. 6–8 Minuten mit der Küchenmaschine oder den Händen durchkneten und falten.

2. Die Schüssel abgedeckt bei Zimmertemperatur ca. 2 Stunden gehen lassen und nochmals durchkneten. Nun zu einem Brotlaib formen, diesen auf ein mit Backpapier belegtes Backblech geben und weitere 30 Minuten gehen lassen.

3. In dieser Zeit den Backofen auf 230 Grad Ober-/Unterhitze vorheizen und dann das Brot auf mittlerer Schiene ca. 40 Minuten backen. Zum Ende der Backzeit hin den Gartest machen: das Brot vorsichtig herausnehmen und durch Klopfen auf den Boden prüfen, ob es sich bereits hohl anfühlt.

ZWIEBELBROT

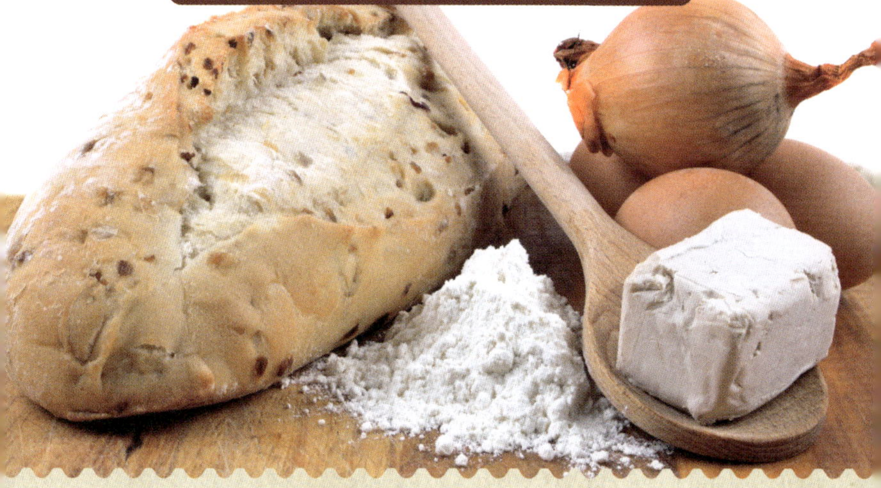

ZWIEBELBROT

WAS DU BRAUCHST:

- 500 g Weizenmehl Typ 550
- 42 g (1 Würfel) frische Hefe o. 2 Beutel Trockenhefe
- 350 ml lauwarmes Wasser
- 2 TL Salz
- 100 g Röstzwiebeln

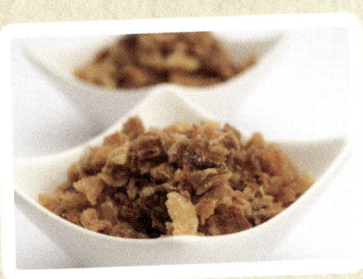

LOS GEHTS – DIE ZUBEREITUNG:

1. Das Mehl in eine Rührschüssel geben und mit dem Salz vermischen. Die frische Hefe in dem lauwarmen Wasser auflösen und dann alle Zutaten zu dem Mehl in die Schüssel geben und mit einem Holzkochlöffel einrühren.

2. Den Teig mit den Händen oder der Küchenmaschine 10 Minuten lang gut durchkneten. Der Teig sollte nach dem Kneten nicht mehr an den Händen haften bleiben. Falls der Teig noch zu fest ist, etwas Wasser hinzugeben, sollte er zu weich oder klebrig sein, etwas mehr Mehl hineinkneten. Dann den Teig zugedeckt in der Schüssel bei Zimmertemperatur 90 Minuten gehen lassen.

3. Den Backofen auf 180 Grad vorheizen und den Teig nach dem Ruhen kurz durchkneten und zu Baguettes oder einem Brotlaib formen. Auf einem Backblech auf mittlerer Schiene backen und dabei ab und zu mit etwas Wasser besprühen bzw. bespritzen. Baguettes benötigen ca. 20 Minuten, ein größeres Zwiebelbrot ungefähr 40 Minuten.

Falls dir die Brotkruste kurz nach dem Backen zu hart vorkommt: das täuscht, einige Minuten später beim Abkühlen auf einem Rost wird es durch das enthaltene Wasser deutlich weicher.

BROTAUFSTRICHE

Es gibt sowohl süße als auch herzhafte Brotaufstriche, die eine perfekte Ergänzung zu deinem selbst gebackenen Brot sein können. Auch hier gilt: Deiner Kreativität sind keine Grenzen gesetzt. Misch doch einfach etwas Frischkäse mit den Zutaten, die du besonders magst oder verfeinere ein Stück Butter mit eigenen Gewürzmischungen. Probiere auf jeden Fall mal aus, wie klein gehackter Schnittlauch auf einem Butterbrot schmeckt …

Frische Brotaufstriche oder Dips bewahrst du am besten in einem verschließbaren Glas im Kühlschrank auf. So halten sie je nach Zutaten bis zu einer Woche.

Einige meiner Lieblingsrezepte möchte ich gerne mit dir teilen – zusammen mit dem Hinweis, zu welcher Brotsorte sie besonders gut passen. Lass es dir schmecken!

Frischkäse-Aufstrich mit frischen Kräutern

Zutaten:
200 g Frischkäse, 1 Knoblauchzehe, frische Petersilie, frisches Basilikum, 1 Stange Lauchzwiebeln, Salz & Pfeffer

Zubereitung:
Die frischen Kräuter, den Knoblauch und die Lauchzwiebeln entweder mit einem Messer klein hacken oder (wenn du sie besonders fein magst) einen Kräuter-Zerkleinerer benutzen. Nun alles unter den Frischkäse rühren und mit Salz und Pfeffer abschmecken, evtl. noch mit etwas Sellerie- oder Paprikapulver verfeinern.

Passt perfekt zu:
Vollkornbrot, Dinkel-Mischbrot, Krustenbrot, Rustikalem Roggenbrot.

Leckerschmecker-Hinweis:
Anstatt den üblichen cremigen Frischkäse zu verwenden, solltest du unbedingt auch mal den körnigen Frischkäse ausprobieren. Er gibt deinem Brotaufstrich eine etwas festere, sehr interessante Konsistenz.

Obazda

Zutaten:

100 g Frischkäse oder Hüttenkäse, 200 g reifer Camembert, 20 g Butter, 1 Zwiebel, 1 TL Paprika-Pulver (edelsüß), 1 TL Kümmel, frischer Schnittlauch, Salz & Pfeffer

Zubereitung:

Unbedingt beachten – den Camembert ca. 20-30 Minuten vor Beginn aus dem Kühlschrank nehmen, damit er aufgrund der Zimmertemperatur weicher wird und so später leichter verarbeitet werden kann. Jetzt geht es los – zerkleinere die Zwiebel möglichst fein und hacke den Schnittlauch in kleine Stücke. Nun gibst du den Camembert in eine Schüssel und zerdrückst ihn. Das funktioniert besonders gut, wenn du vorher die Außenhaut (die man aber auch mitessen kann) entfernst, den

Camembert in Stücke schneidest und zum Zerdrücken eine Gabel benutzt. Dann fügst du alle restlichen Zutaten hinzu, vermengst die Masse und schmeckst sie mit Salz und Pfeffer ab. Garniert wird der Obazda gerne mit Radieschen, frischem Schnittlauch und in Ringe geschnittenen Zwiebeln.

Passt perfekt zu:

Laugenbrezeln(!), Zwiebelbrot, Roggenbrot.

Leckerschmecker-Hinweis:

Damit dein Obazda noch eine besondere Note bekommt, kannst du bei der Zubereitung auch einen kleinen Schuss Dunkelbier oder Weizenbier hinzugeben. Absolut empfehlenswert!

Leberwurst-Aufstrich

Zutaten:

150 g Kalbsleberwurst, 4–5 Gewürzgurken, 1 Schalotte, 1 Knoblauchzehe, 3 schwarze Oliven (ohne Kern), 2 EL Crème fraîche, Salz & Pfeffer

Zubereitung:

Zuerst schneidest du die Gewürzgurken, die Schalotte, die Knoblauchzehe und die Oliven in möglichst kleine Stückchen. Nun vermengst du in einer Schüssel die klein geschnittenen Zutaten, die Kalbsleberwurst und die Crème fraîche sorgfältig mit einer Gabel. Anschließend noch mit Salz und frisch gemahlenem Pfeffer abschmecken – fertig.

Passt perfekt zu:

Kartoffelbrot, Krustenbrot, Bagels, Zwiebelbrot.

Avocado-Thunfisch-Aufstrich

Zutaten:

1 Avocado, 1 Dose Thunfisch (im eigenen Saft), 1 Limette, Salz & Pfeffer

Zubereitung:

Zuerst halbierst du die Avocado und entfernst den Kern und die Schale. Das Entnehmen des Fruchtfleisches geht mit einem Esslöffel besonders einfach. Nun lässt du den Thunfisch gut abtropfen und gibst ihn dann mit der Avocado in eine Schüssel. Beides einfach mit einer Gabel zerquetschen und gut vermischen. Jetzt wird dieser leckere Aufstrich nur noch mit etwas frischem Limettensaft, Salz und Pfeffer abgeschmeckt.

Passt perfekt zu:

Weizenbrot, Weißbrot, Baguette, Ciabatta.

Nuss-Nougat-Aufstrich

Zutaten:

300 g Haselnüsse, 4 EL Haselnuss-Öl, 3 EL Kakao-Pulver, 1/2 TL Vanille-Extrakt, 100 g Puderzucker

Zubereitung:

Zuerst röstest du die Haselnüsse in einer Pfanne leicht an und lässt sie gut abkühlen. Anschließend mahlst du sie in einem Küchenhäcksler, bis die Nüsse sehr fein sind. Nun gibst du das Öl, das Kakao-Pulver und den Vanille-Extrakt zusammen mit den Haselnüssen in eine Schüssel. Den Puderzucker bitte erst durchsieben und dann zusammen mit allen Zutaten gut vermischen. Jetzt kannst du deine Nuss-Nugat-Creme probieren und je nach Geschmack und Konsistenz noch etwas mehr Öl, mehr Kakaopulver oder Puderzucker hinzugeben.

Passt perfekt zu:

Croissants, Weißbrot, Körnerbrötchen, Rosinenbrötchen.

BROTGEWÜRZE

Brotgewürze sind Kräuter bzw. Gewürze wie Kümmel oder Koriander, die häufig dem Teig beigemengt werden, um dem Brot ein besonderes Aroma zu geben. Dafür kannst du fertige Brot-Gewürzmischungen aus dem Handel verwenden oder – meine Empfehlung – deine eigene Gewürzmischung zusammenstellen. Ich persönlich mag z. B. Kümmel nur in einigen Brotsorten, dieser ist aber leider in fast allen Standard-Brotgewürzen enthalten ...

Nachstehend habe ich für dich drei Brotgewürz-Mischungen zusammengestellt, die du ganz einfach selbst herstellen kannst. Die Zutaten bitte in einem Mörser oder einem Küchenhäcksler zermahlen, vermischen und in kleine Gläser abfüllen.

Für 500 g Mehl solltest du ca. 2–3 TL deiner Gewürzmischung verwenden, aber das ist natürlich Geschmackssache.

„Der Klassiker"

ZUTATEN:
- 2 EL Kümmel
- 1 EL Anis
- 1 EL Koriander-Pulver
- 1 EL Fenchel
- 1/2 TL Muskat-Nuss (gerieben)

Diese traditionelle Gewürzmischung kann durch verschiedene Zutaten noch erweitert werden, wodurch dein Brot geschmacklich ein sehr interessantes Aroma bekommt.

Hier zwei Erweiterungen des „Klassikers":

„Der Mediterrane" Zusätzliche Zutaten:
- 1 EL Thymian (getrocknet)
- 1 EL Oregano (getrocknet)
- 1 EL Basilikum (getrocknet)

„Der Orientalische" Zusätzliche Zutaten:
- 1 EL Zwiebelpulver
- 1 EL Knoblauchgranulat
- 1 TL Chilipulver

KLEINE LÄNDERREISE – WELCHES BROT WIRD WO GEGESSEN?

Kennst du das? Du bist im Urlaub, egal ob im benachbarten Ausland, in Asien, Südamerika oder Afrika, und es ist wirklich schwer, wenn nicht sogar unmöglich, deine gewohnten Brötchen zum Frühstück zu bekommen. Aber das macht nichts: Jedes Land backt seine eigenen, sehr unterschiedlichen Brote und Backwaren, die nur darauf warten, von dir entdeckt zu werden. Ich möchte dir gerne zeigen, welche spannenden Brotsorten die verschiedenen Länder und Kontinente zu bieten haben und welche die landestypischen und teilweise weltbekannten Brote sind.

EUROPA

Vermutlich kennt fast jeder in Europa das bekannte französische Baguette, das spanische Landbrot „Pan de Payés" oder das schwedische Knäckebrot. Diese delikaten Sorten sind über Jahrzehnte hinweg in ihren jeweiligen Ländern perfektioniert worden und mit vielen Traditionen verbunden.

Mein Tipp für einen kulinarisch-mediterranen Abend sind die italienischen Klassiker: Frisches Ciabatta und die dünnen Brotstangen Grissini. Diese passen perfekt zu Antipasti, Käsevariationen und Wurstspezialitäten, am besten in Verbindung mit einem guten Rot- oder Weißwein.

Von vielen Touristen hört man immer wieder, dass Deutschland das Land mit den meisten unterschiedlichen Brotsorten sei und eine außergewöhnliche Vielfalt anbiete. Genannt werden dabei oft das Schwarzbrot und das Vollkornbrot, das auch aufgrund der großen Getreidevielfalt als ausgesprochen gesund und gut schmeckend gilt. Deutschland ist für seinen hohen Standard im Bereich der Bäckerausbildung bekannt, und überall in der Welt trifft man auf Bäcker aus dem deutschsprachigen Raum, die ausgewandert sind und sich eine erfolgreiche Existenz aufbauen konnten.

SÜDAMERIKA

Solltest du einmal nach Südamerika reisen, gibt es dort einige Länder-Spezialitäten, welche du unbedingt probieren solltest. Grundsätzlich wird in Südamerika bevorzugt mit Maismehl gebacken, das u. a. in dem traditionellen Fladenbrot „Arepas" in Kolumbien und für verschiedene Brotsorten in Peru genutzt wird.

Besonders beliebt sind die sog. „Pão de queijo", brasilianische Brötchen, in deren Teig etwas Käse eingearbeitet wird. Auch das „Pan de jamón", ein Schinkenbrot aus Venezuela, darfst du dir bei einem Besuch nicht entgehen lassen.

NORDAMERIKA

Das Backen mit Maismehl hat in Mexiko eine lange Tradition. Neben dem mexikanischen Maisbrot werden die berühmten landestypischen Mais-Tortillas häufig als das „Brot Mexikos" bezeichnet.

In Kanada triffst du auf das indianische Brot „Bannock". Zur Zubereitung wird der Teig in eine gusseiserne Form gegeben und dann über offenem Feuer gegrillt. Aus diesem Grund hat Bannock auch den Namen „Grillbrot".

AUSTRALIEN / OZEANIEN

In Australien konnte ich das berühmte „Buschbrot" probieren, das die Einheimischen „Damper" nennen. Das Rezept stammt aus der frühen Siedlerzeit Australiens und wird heutzutage hauptsächlich noch von den Aborigines (Ureinwohner Australiens) zubereitet. Das Besondere am Damper ist das Backen des Brotes in der heißen Asche eines Lagerfeuers – ein außergewöhnliches Geschmackserlebnis.

Leckerschmecker-Hinweis:

Während meines Australien-Aufenthaltes durfte ich auch den beliebten Brotaufstrich „Vegemite" kennenlernen, der in jedem Haushalt vor Ort zu finden ist. Dabei handelt es sich um einen Hefeextrakt, der ein würzigsalziges Aroma hat. Dieser ungewöhnliche Geschmack wird auch gerne als „the taste of Australia" bezeichnet. Vegemite ist in Australien ähnlich beliebt wie Nutella im deutschsprachigen Raum oder Erdnussbutter in den USA und wird bevorzugt auf Toast gegessen. Unbedingt ausprobieren!

ASIEN

Die meisten Menschen denken vor allem an Reis oder Nudeln, wenn es um Essen in Asien geht. Allerdings haben die Länder im asiatischen Raum noch weit mehr zu bieten, auch im Bereich der Brotspezialitäten. Auf meinen Reisen durch Asien bin ich in vielen Ländern insbesondere auf Fladenbrot in verschiedenen Formen gestoßen. Besonders beliebt ist z. B. das „Naan"-Fladen-Brot aus Indien, das dort zu fast jeder Mahlzeit gehört.

Im chinesischen Raum triffst du häufig auf das Fladenbrot „Shaobing", das mit vielen Sesamkörnern bestreut wird. Übrigens wird im Gegensatz zu Indien das Fladenbrot in China nicht zum Essen gereicht, sondern bevorzugt mit herzhaften oder süßen Leckereien befüllt und als Snack gegessen.

AFRIKA

Schon der Name ist abenteuerlich: Elefantenfuß-Brot. Diese Brotspezialität stammt ursprünglich aus Kenia und hat seinen Namen vermutlich aufgrund seines Aussehens, das an einen Elefantenfuß erinnert. Bestandteil des Teigs sind neben den Grundzutaten Mehl, Hefe und Wasser auch zerdrückte gekochte Kartoffeln.

Die Brotspezialität in Äthiopien ist „Injera", eine Mischung aus Fladenbrot-Teig und Sauerteig. Diese Mischung wird auf einem über Feuer erhitzten Stein oder einer heißen Herdplatte gleichmäßig in einer dünnen Schicht verteilt und gebacken. Serviert wird das „Injera" mit verschiedenen Soßen, Gemüsevariationen, Fleisch oder auch Ragouts.

LITERATUR- UND QUELLENNACHWEIS

Im Internet gibt es etliche tolle Websites und Blogs, die mir nicht nur als Back-Anfängerin sehr geholfen haben, sondern auch für Fortgeschrittene viele schöne Anregungen und Rezepte bereithalten:

www.innungsbaecker.de
www.sonachgefuehl.de
https://de.wikipedia.org
www.oma-kocht.de
www.franzoesischkochen.de
www.ploetzblog.de
https://bbqpit.de/
https://mehlstaubundofenduft.com
www.mannbackt.de
www.brotinstitut.de
www.geo.de
https://kochenmachtgluecklich.de

BILDNACHWEIS

Sina Butenuth
AdobeStock

Notizen / Rezepte

Notizen / Rezepte